Serie Piper:

Aldous Huxley

Die Pforten der Wahrnehmung
Himmel und Hölle

Übersetzt von Herberth E. Herlitschka

Die Originalausgaben der beiden Essays erschienen 1954 und 1956 im Verlag Chatto & Windus, London, unter den Titeln »The Doors of Perception« und »Heaven and Hell«

Neuausgabe in der Serie Piper
»Die Pforten der Wahrnehmung« 13.-18. Tausend 1970
»Himmel und Hölle« 5.-11. Tausend 1970

ISBN 3 492 01853 x
Titelnummer 1853

Gesetzt aus der Garamond-Antiqua
Umschlag Wolfgang Dohmen
Gesamtherstellung Pustet, Regensburg
Printed in Germany

Die Pforten der Wahrnehmung

Meine Erfahrung mit Meskalin

Würden die Pforten der Wahrnehmung gereinigt,
Erschiene den Menschen alles, wie es ist: unendlich.
William Blake

Im Jahre 1886 veröffentlichte der Deutsche Pharmakologe Ludwig Lewin die erste systematische Untersuchung über das Gewächs, das später seinen Namen erhielt. *Anhalonium Lewinii* war der Wissenschaft noch unbekannt. Primitiven Religionen und den Indianern Mexikos und des Südwestens von Nordamerika war dieser Kaktus seit undenklichen Zeiten ein guter Freund; tatsächlich mehr als ein Freund, denn, wie ein früher spanischer Besucher[1] der Neuen Welt berichtete, »sie essen eine Wurzel, die sie Peyotl nennen, und sie verehren sie, als wäre sie eine Gottheit«.

Warum sie das taten, wurde klar, als so hervorragende Psychologen wie Jaensch, Havelock Ellis und Weir Mitchell ihre Versuche mit Meskalin, dem Wirkstoff des Peyotl, begannen. Sie gingen freilich nicht so weit, einen Abgott daraus zu machen; aber alle wiesen sie einhellig dem Meskalin einen ganz besonderen Platz unter den Rauschmitteln zu. In geeigneten Dosierungen verabreicht, veränderte es die Qualität des Bewußtseins gründlicher und war dabei weniger toxisch als jede andre Substanz im Repertorium der Pharmakologen.

Die Meskalinforschung ist seit Lewin und Havelock Ellis von Zeit zu Zeit immer wieder aufgenommen worden. Nicht nur stellten Chemiker das Alkaloid rein dar; sie lernten, es synthetisch herzustellen, so daß der Vorrat nicht mehr von der spärlichen und nur zeitweiligen Ernte eines Wüstenkaktus abhängt. Psychiater nahmen selber Meskalin, weil sie hofften, dadurch zu einem besseren, aus

[1] Bernardino de Sahagun (1499–1596), der 1526 als Ordensgeistlicher nach Mexiko kam. A. d. Ü.

erster Hand gewonnenen Verständnis der Geistesvorgänge bei ihren Patienten zu gelangen. Psychologen beobachteten, wenngleich leider an zu wenigen Versuchspersonen und unter zu eng begrenzten Bedingungen, einige der auffallenderen Wirkungen dieses Präparats und beschrieben sie. Neurologen und Physiologen entdeckten einiges über die Art und Weise seiner Wirkung auf das Zentralnervensystem. Und mindestens ein Philosoph von Beruf nahm Meskalin, um dadurch womöglich Licht in solche uralte ungelöste Rätsel zu bringen wie die Fragen, welchen Platz der Geist in der Natur einnehme und welche Beziehung zwischen dem Gehirn und dem Bewußtsein bestehe.[2]

Und dabei blieb es, bis vor wenigen Jahren eine neue und vielleicht höchst bedeutsame Tatsache beobachtet wurde.[3] In Wirklichkeit hatte diese Tatsache schon mehrere Jahrzehnte vor aller Augen gelegen; aber wie es sich traf, hatte niemand sie bemerkt, bis einem jungen englischen Psychiater, der gegenwärtig in Kanada arbeitet, die große Ähnlichkeit in der chemischen Zusammensetzung des Meskalins und des Adrenalins auffiel. Weitere Forschung enthüllte, daß Lysergsäure, ein äußerst starker, aus Mutterkorn gewonnener Halluzinationenerreger, eine strukturelle biochemische Verwandtschaft mit den beiden andern hat. Dann kam die Entdeckung, daß Adrenochrom, ein Zerfallsprodukt des Adrenalins, viele der beim Meskalinrausch beobachteten Symptome hervorrufen kann. Adrenochrom aber bildet sich im menschlichen Körper wahrscheinlich von selbst. Mit andern Worten, jeder von uns ist vielleicht fähig,

[2] Den ersten Selbstversuch mit von ihm rein dargestelltem Meskalin machte 1897 der deutsche Pharmakologe Arthur Heffter (1859–1925). S. a.: A. Guttmann, Medikamentöse Persönlichkeitsspaltung (Monatsschrift f. Psychiatrie und Neurologie, Bd. 56, 1924) und K. Beringer, Der Meskalinrausch, 1927. A. d. Ü.

[3] Siehe die folgenden Arbeiten:

Schizophrenia: A New Approach. By Humphry Osmond and John Smythies. Journal of Mental Science. Vol. xcviii. April 1952.

On Being Mad. By Humphry Osmond. Saskatchewan Psychiatric Services Journal. Vol. i. No. 2. September 1952.

The Mescalin Phenomena. By John Smythies. The British Journal of the Philosophy of Science. Vol. iii. February 1953.

Schizophrenia: A New Approach. By Abram Hoffer, Humphry Osmond and John Smythies. The Journal of Mental Science. Vol. c. No. 418. January 1954.

Seitdem sind zahlreiche andere biochemische, pharmakologische, psychologische und neurophysiologische Arbeiten über Schizophrenie und die bei Meskalingenuß auftretenden Erscheinungen erschienen.

in sich eine chemische Substanz zu erzeugen, von der, wie man nun weiß, winzige Mengen tiefgreifende Veränderungen des Bewußtseins bewirken. Einige dieser Veränderungen gleichen den bei der Schizophrenie, dieser charakteristischesten Plage des 20. Jahrhunderts, auftretenden. Ist an der geistigen Störung eine chemische schuld? Und ist die chemische Störung ihrerseits durch seelische Leiden verschuldet, die auf die Nebennieren einwirken? Es wäre voreilig, das zu behaupten. Wir können noch nicht mehr sagen, als daß ein begründeter Verdacht besteht. Mittlerweile werden die Anhaltspunkte systematisch verfolgt, und die Detektive – Biochemiker, Psychiater und Psychologen – sind auf der Spur.

Durch eine, für mich äußerst günstige, Verknüpfung von Umständen saß ich im Frühjahr 1953 mittten auf dieser Spur. Einer der Detektive war beruflich nach Kalifornien gekommen. Trotz siebzig Jahren Meskalinforschung war das psychologische Material, das ihm zur Verfügung stand, noch immer lächerlich unzulänglich, und er suchte es zu vermehren. Ich war zur Stelle und bereit, ja begierig, ein Versuchskaninchen zu sein. So kam es, daß ich an einem schönen Maimorgen vier Zehntelgramm Meskalin, in einem halben Glas Wasser aufgelöst, schluckte und mich dann hinsetzte, um die Ergebnisse abzuwarten.

Wir leben miteinander, wir wirken eins auf das andre ein und reagieren aufeinander; aber immer und unter allen Umständen sind wir einsam. Die Märtyrer schreiten Hand in Hand in die Arena; gekreuzigt werden sie allein. In ihren Umarmungen versuchen Liebende verzweifelt, ihre isolierten Ekstasen zu einer einzigen Selbsttranszendenz zu verschmelzen: vergebens. Schon von Natur ist jeder verkörperte Geist dazu verurteilt, Leid und Freud in Einsamkeit zu erdulden und zu genießen. Empfindungen, Gefühle, Einsichten, Einbildungen – sie alle sind etwas Privates und nur durch Symbole und aus zweiter Hand mitteilbar. Wir können Berichte über Erfahrungen austauschen und sammeln, niemals aber die Erfahrungen selbst. Von der Familie bis zur Nation ist jede Gruppe von Menschen eine Inselwelt, deren jede Insel ein Weltall für sich ist.

Die meisten solchen Inseln gleichen einander genügend, um ein erschlossenes Verständnis oder sogar wechselseitige Empathie oder

Einfühlung zu ermöglichen. So können wir, indem wir uns unsrer eigenen schmerzlichen Verluste und Schicksalsschläge erinnern, mit andern Menschen in gleichen Umständen mitfühlen, können uns (natürlich immer in einem ein wenig pickwickischen Sinn) an ihre Stelle versetzen. Aber in gewissen Fällen ist diese Mitteilungsmöglichkeit zwischen Weltallen unvollständig oder gar nicht vorhanden. Der Geist ist sein eigener Ort, und die von Geisteskranken und außergewöhnlich Begabten bewohnten Orte sind so verschieden von denen, wo gewöhnliche Menschen leben, daß wenig oder kein gemeinsamer Boden der Erinnerung vorhanden ist, der als Grundlage für ein Verstehn oder Mitgefühl dienen kann. Es werden wohl Worte geäußert, aber sie vermögen nicht aufzuklären. Die Dinge und Ereignisse, auf die sich die Symbole beziehen, gehören Erfahrungsbereichen an, die einander ausschließen.

Uns selbst zu sehen, wie andre uns sehen, ist eine sehr heilsame Gabe. Kaum weniger wichtig ist die Fähigkeit, andre zu sehen, wie sie selbst sich sehen. Was aber, wenn die andern einer ganz verschiedenen Spezies angehören und ein von Grund auf fremdes Weltall bewohnen? Zum Beispiel, wie können Geistesgesunde je erfahren, was für ein Gefühl es tatsächlich ist, wahnsinnig zu sein? Oder wie können wir, wenn wir nicht eben ein Visionär, ein Medium oder ein musikalisches Genie sind, je die Welten besuchen, in denen Blake, Swedenborg, Johann Sebastian Bach daheim waren? Und wie kann ein Mensch, der an den äußersten Grenzen von Ektomorphismus und Zerebrotonie[4] steht, sich an die Stelle des an den Grenzen von Endomorphismus und Viszerotonie Stehenden denken oder in mehr als gewissen eng umschriebenen Bereichen die Gefühle eines Menschen teilen, der an den Grenzen des Mesomorphismus und der Somatotonie steht? Für Verfechter einer uneingeschränkten Verhaltenslehre sind solche Fragen vermutlich sinnlos. Aber für diejenigen, die theoretisch glauben, was sie praktisch als wahr kennen – nämlich, daß es auch eine innere, nicht nur eine äußere Erfahrung gibt, – sind die gestellten Probleme wirkliche Probleme, und umso ern-

[4] Gemäß der von William Sheldon in *The Varieties of Human Physique* und *The Varieties of Temperament* aufgestellten, die Typologien von Kretschmer, Jung u. a. an Genauigkeit und Anpassungsfähigkeit übertreffenden Einteilung nach physischen (Nervensystem, Muskulatur, Verdauungsorgane) und psychischen Komponenten (gehirnbetonter, muskelbetonter, bauchbetonter Typus). A. d. Ü.

stere, als einige völlig unlösbar, andre nur unter außergewöhnlichen Umständen und durch nicht jedermann zur Verfügung stehende Methoden lösbar sind. So ist es so gut wie sicher, daß ich nie wissen werde, was für ein Gefühl es ist, Sir John Falstaff oder Joe Louis, der schwarze Weltmeister im Boxen, zu sein. Andrerseits hielt ich es immer für möglich, daß ich, zum Beispiel durch Hypnose oder Autosuggestion oder mittels systematischen Meditierens oder auch durch das Einnehmen eines geeigneten chemischen Präparats, meinen gewöhnlichen Bewußtseinszustand so verändern könnte, daß ich fähig wäre, von innen her zu wissen, wovon der Visionär, das Medium, ja sogar der Mystiker reden.

Nach allem, was ich über die Erfahrungen mit Meskalin gelesen hatte, war ich im voraus überzeugt, daß mich diese Droge zumindest für ein paar Stunden in die Art von innerer Welt einlassen würde, die von William Blake und A. E.[5] beschrieben wurde. Aber was ich erwartet hatte, trat nicht ein. Ich hatte erwartet, mit geschlossenen Augen dazuliegen und Visionen von vielfarbigen geometrischen Formen zu haben, von fabelhaft schönen, ein eigenes Leben besitzenden architektonischen Gebilden, von Landschaften mit heroischen Gestalten, von symbolischen Dramen, die beständig nahe daran wären, zur höchsten Offenbarung zu werden. Wie sich jedoch erwies, hatte ich nicht mit den Idiosynkrasien meiner geistigen Konstitution, mit den Tatsachen meines Temperaments, meiner Erziehung und meiner Gewohnheiten gerechnet.

Mein visuelles Gedächtnis, meine visuelle Phantasie sind und waren, solange ich mich erinnern kann, immer recht schwach. Worte, sogar die bedeutungsvollen Worte der Dichter, rufen in meinem Geist keine Bilder hervor. Keine hypnagogischen Visionen grüßen mich auf der Schwelle des Schlafs. Wenn mir eine Erinnerung kommt, bietet sie sich nicht als ein lebhaft gesehenes Ereignis oder Objekt dar. Mit einiger Willensanstrengung kann ich ein nicht sehr lebhaftes Bild dessen heraufrufen, was gestern nachmittag geschah, wie der Lungarno ausgesehen hatte, bevor die Brücken zerstört wurden, oder die Bayswater Road, als die einzigen Omnibusse grün und winzig waren und mit fünf Stundenkilometern von bejahrten

[5] Pseudonym des irischen mystischen Dichters G. W. Russel (1864–1935). A. d. Ü.

Gäulen gezogen wurden. Aber solche Bilder haben wenig Substanz und ganz und gar kein autonomes eigenes Leben. Sie stehn zu wirklichen, wahrgenommenen Objekten in demselben Verhältnis wie Homers Geister zu den Menschen von Fleisch und Blut, die ins Schattenreich sie besuchen kamen. Nur wenn ich Fieber habe, werden meine geistigen Bilder unabhängig lebendig. Menschen, bei denen die Fähigkeit zu visueller Vergegenwärtigung stark entwikkelt ist, müßte meine innere Welt merkwürdig farblos, beschränkt und uninteressant erscheinen. Dies war die Welt – »ein armselig Ding, aber mein eigen« – die ich in etwas von sich selbst völlig Verschiedenes verwandelt zu sehen erwartete.

Die Veränderung, die tatsächlich in dieser Welt vorging, war in keinem Sinn revolutionär. Eine halbe Stunde nachdem ich das Meskalin genommen hatte, wurde ich mir eines langsamen Reigens goldener Lichter bewußt. Ein wenig später zeigten sich prächtige rote Flächen, und sie schwollen und dehnten sich aus, von hellen Knoten von Energie her, die von einem immerzu wechselnden, musterbildenden Leben vibrierten. Ein andermal enthüllte das Schließen meiner Augen einen Komplex grauer Gerüste, innerhalb dessen immer wieder bläulichblasse Kugeln auftauchten, sich außerordentlich verfestigten und dann geräuschlos aufwärtsglitten und verschwanden. Aber nie erschienen Gesichter oder menschliche oder tierische Gestalten. Ich sah keine Landschaften, keine riesigen Weiten, kein zauberhaftes Wachsen und Sichverändern von Gebäuden, nichts, was im entferntesten einem Drama oder einer Parabel glich. Die »andere« Welt, in welche das Meskalin mich einließ, war nicht die Welt der Visionen; sie existierte »dort draußen«, als das, was ich mit offenen Augen sehen konnte. Die große Veränderung ging im Bereich objektiver Tatsachen vor sich. Was mit meinem subjektiven Weltall geschehn war, war verhältnismäßig unbedeutend.

Ich schluckte meine Pille um elf Uhr. Eineinhalb Stunden später saß ich in meinem Arbeitszimmer und blickte angespannt auf eine kleine Glasvase. Die Vase enthielt nur drei Blumen – eine voll erblühte »Schöne-von-Portugal«-Rose, muschelrosa, mit einer wärmeren, flammenderen Tönung am Grund jedes Blütenblatts; eine große magentarote und cremeweiße Nelke; und auf gekürztem Stengel die blaßviolette, sehr heraldische Blüte einer Schwertlilie. Nur zufällig und vorläufig zusammengetan, verstieß das kleine Sträußchen gegen alle Regeln herkömmlichen guten Geschmacks. Beim Frühstück an diesem Morgen war mir die lebhafte Disharmonie seiner Farben aufgefallen. Aber auf sie kam es nicht länger an. Ich blickte jetzt nicht auf eine ungewöhnliche Zusammenstellung von Blumen. Ich sah, was Adam am Morgen seiner Erschaffung gesehen hatte – das Wunder, das sich von Augenblick zu Augenblick erneuernde Wunder bloßen Daseins.

»Ist es angenehm?« fragte jemand. (Während dieses Teils des Experiments wurde alles, was gesprochen wurde, auf einem Diktaphon aufgenommen, und es war mir daher möglich, meine Erinnerung daran aufzufrischen.)

»Weder angenehm noch unangenehm«, antwortete ich. »Es *ist* eben.«

Istigkeit – war das nicht das Wort, das Meister Eckhart zu gebrauchen liebte? Das *Sein* der platonischen Philosophie – nur daß Plato den ungeheuern, den grotesken Irrtum begangen zu haben schien, das Sein vom Werden zu trennen und es dem mathematischen Abstraktum der Idee gleichzusetzen. Er konnte nie, der arme Kerl, gesehen haben, wie Blumen von ihrem eigenen, inneren Licht leuchteten und unter dem Druck der sie erfüllenden Bedeutung fast erbebten; er konnte nie wahrgenommen haben, daß, was Rose und Schwertlilie und Nelke so eindringlich bedeuteten, nichts mehr und nichts weniger war, denn was sie waren – eine Vergänglichkeit, die doch ewiges Leben war, ein unaufhörliches Vergehen, das gleichzeitig reines Sein war, ein Bündel winziger, einzigartiger Besonderheiten, worin durch ein unaussprechliches und doch selbstverständliches Paradoxon der göttliche Ursprung alles Daseins sichtbar wurde.

Ich blickte weiter auf die Blumen, und in ihrem lebendigen Licht schien ich das qualitative Äquivalent des Atmens zu entdecken – aber eines Atmens ohne das wiederholte Zurückkehren zu einem Ausgangspunkt, ohne ein wiederkehrendes Ebben; nur ein wiederholtes Fluten von Schönheit zu erhöhter Schönheit, von tiefer zu immer tieferer Bedeutung. Wörter wie Gnade und Verklärung kamen mir in den Sinn. Und unter anderm war es selbstverständlich das, wofür sie stehn. Meine Augen wanderten von der Rose zur

Nelke und von diesem fiederigen Erglühen zu den glatten Schnörkeln aus sensitivem Amethyst, welche die Iris waren. Die selige Schau, *Sat Chit Anada*, Seins-Gewahrseins-Seligkeit – zum erstenmal verstand ich, nicht auf der Ebene der Wörter, nicht durch unzusammenhängende Andeutungen oder nur von fern, sondern deutlich und vollständig, worauf sich diese bedeutungsvollen Silben beziehen. Und dann erinnerte ich mich einer Stelle, die ich bei dem Zen-Philosophen Suzuki gelesen hatte. »Was ist der Dharma-Leib des Buddha?« (Der Dharma-Leib des Buddha ist ein andrer Ausdruck für Geist, So-Sein, die große Leere, die Gottheit.) Die Frage wird in einem Zen-Kloster von einem ernsten, aber etwas verwirrten Novizen gestellt. Und mit der prompten Irrelevanz eines der Marx Brothers antwortet der Meister: »Die Hecke am Ende des Gartens.« – »Und der Mensch, der diese Wahrheit begreift«, fragt der Novize zweifelnd weiter, »was, wenn ich fragen darf, ist der?« Groucho gibt ihm mit seinem Stab eins über den Buckel und antwortet: »Ein goldhaariger Löwe.«

Das war, als ich es las, nur ein verschwommen bedeutungsvolles Stückchen Ungereimtheit gewesen. Nun war es alles klar wie der Tag; so offen einleuchtend wie Euklid. Selbstverständlich war der Dharma-Leib des Buddha die Hecke am Ende des Gartens. Gleichzeitig aber, und nicht weniger selbstverständlich, war er diese Blumen, er war alles und jedes, worauf ich – oder vielmehr das selige, für einen Augenblick aus meiner würgenden Umarmung befreite Nicht-Ich – zufällig hinsah. Die Bücher, zum Beispiel, die die Wände meines Arbeitszimmers bedeckten. Wie die Blumen erglühten auch sie, wenn ich sie anblickte, in leuchtenderen Farben, von einer tieferen Bedeutsamkeit. Rote Bücher gleich Rubinen; smaragdene Bücher; Bücher in weißen Jade gebunden; Bücher von Achat, von Aquamarin, von gelbem Topas, von Lapislazuli, deren Farben alle so intensiv, so zuinnerst bedeutungsvoll waren, daß sie nahe daran zu sein schienen, die Fächer zu verlassen, um sich meiner Aufmerksamkeit noch eindringlicher bemerkbar zu machen.

»Wie steht's mit räumlichen Beziehungen?« fragte der Experimentator, als ich auf die Bücher blickte.

Das war schwer zu beantworten. Gewiß, die Perspektive nahm sich recht sonderbar aus, und die Wände des Zimmers schienen nicht mehr rechtwinkelig aneinanderzustoßen. Aber das waren nicht die wirklich wichtigen Tatsachen. Die bestanden darin, daß räumliche Beziehungen nicht mehr viel ausmachten und mein Geist die Welt in Begriffen andrer als räumlicher Kategorien wahrnahm. Für gewöhnlich befaßt sich das Auge mit solchen Fragen wie: Wo? – Wie weit? – Wo gelegen in Beziehung worauf? Bei dem Meskalinexperiment gehören die implizierten Fragen, auf die das Auge antwortet, einer andern Kategorie an. Lage und Entfernung verlieren viel von ihrem Interesse, und der Geist vollzieht sein Wahrnehmen in Begriffen der Daseinsintensität, der Bedeutungstiefe, der Beziehungen innerhalb einer bestimmten Anordnung. Ich sah die Bücher, aber ich kümmerte mich ganz und gar nicht um ihre Lage im Raum. Was ich bemerkte, was sich meinem Geist einprägte, war die Tatsache, daß alle von lebendigem Licht erglühten und daß in einigen die Herrlichkeit offenkundiger war als in andern. In diesem Zusammenhang waren örtliche Lage und die drei Dimensionen nebensächlich. Selbstverständlich war die Kategorie Raum nicht abgeschafft. Als ich aufstand und umherging, konnte ich das ganz normal tun, ohne Ort und Entfernung von Gegenständen falsch einzuschätzen. Der Raum war noch immer da; aber er hatte sein Übergewicht verloren. Der Geist war an erster Stelle nicht mit Maßen und räumlichen Lagen befaßt, sondern mit Sein und Sinn.

Und Hand in Hand mit dieser Gleichgültigkeit gegen den Raum ging eine noch größere Gleichgültigkeit gegen die Zeit.

»Es scheint reichlich viel von ihr zu geben«, war alles, was ich antwortete, als der Experimentator mich aufforderte, ihm zu sagen, was für ein Gefühl ich bezüglich der Zeit habe.

Reichlich viel, aber genau wieviel, war völlig belanglos. Ich hätte selbstverständlich auf meine Uhr sehen können; aber meine Uhr war, das wußte ich, in einem andern Weltall. Mein tatsächliches Erleben war das einer unbestimmten Dauer gewesen und war das noch immer, oder auch einer unaufhörlichen Gegenwart, die aus einer einzigen, sich immerfort verändernden Offenbarung bestand.

Von den Büchern lenkte der Experimentator meine Aufmerksamkeit auf die Möbel. Ein Schreibmaschinentischchen stand in der Mitte des Zimmers; dahinter, von meinem Gesichtspunkt gesehn, stand ein Korbsessel und hinter diesem ein Schreibtisch. Die drei bildeten ein dicht verwobenes Muster von Horizontalen, Vertikalen und Diagonalen – ein Muster, das umso interessanter war, als es nicht in Begriffen räumlicher Beziehungen ausgelegt wurde. Tischchen, Sessel und Schreibtisch kamen in einer Komposition zusammen, die einem Bild von Braque oder Juan Gris glich, einem Stillleben, das erkennbar mit der gegenständlichen Welt verwandt, aber ohne Tiefe, ohne einen Versuch zu photographischem Realismus wiedergegeben war. Ich blickte auf meine Möbel nicht wie der Utilitarier, welcher auf Sesseln sitzen, auf Schreibtischen und Tischchen schreiben muß, und auch nicht wie der Photograph oder der Sammler wissenschaftlicher Daten, sondern wie der reine Ästhet, der sich nur mit Formen und ihren Beziehungen innerhalb des Gesichtsfelds oder des Bildraums befaßt. Aber während ich hinblickte, wich dieses rein ästhetische Sehen mit dem Auge des Kubisten einem andern, das ich nur als die sakramentale Schau der Wirklichkeit bezeichnen kann. Ich war wieder dort, wo ich gewesen war, als ich auf die Blumen blickte, – wieder zurück in einer Welt, wo alles von dem Inneren Licht leuchtete und in seiner Bedeutsamkeit unendlich war. Die Bambusbeine des Sessels zum Beispiel – wie wunderbar war ihre Röhrenförmigkeit, wie übernatürlich ihre polierte Glätte! Ich verbrachte mehrere Minuten – oder waren es mehrere Jahrhunderte? – damit, diese Bambusbeine nicht nur anzusehen, sondern sie tatsächlich zu *sein* – oder vielmehr, ich selbst in ihnen zu sein; oder, um mich noch genauer auszudrücken (denn »ich« war nicht in den Fall verwickelt, und in einem gewissen Sinn waren das auch »sie« nicht), mein Nicht-Selbst in dem Nicht-Selbst zu sein, das der Sessel war.

Wenn ich über mein Erlebnis nachdenke, muß ich dem hervorragenden Philosophen C. D. Broad in Cambridge beistimmen, »daß wir gut daran täten, viel ernsthafter, als wir das bis jetzt zu tun geneigt waren, die Art von Theorie zu erwägen, die Bergson im Zusammenhang mit dem Gedächtnis und den Sinneswahrnehmungen aufstellte, nämlich insofern, als die Funktionen des Gehirns und Nervensystems und der Sinnesorgane hauptsächlich *eliminativ* und nicht produktiv sind. Jeder Mensch ist in jedem Augenblick fähig, sich alles dessen zu erinnern, was ihm je geschehen ist, und alles wahrzunehmen, was irgendwo im Weltall geschieht. Es ist die Aufgabe des Gehirns und des Nervensystems, uns davor zu schützen, von dieser Menge größtenteils unnützen und belanglosen Wissens überwältigt und verwirrt zu werden, und sie erfüllen diese Aufgabe, indem sie das meiste dessen, wessen wir sonst in jedem Augenblick gewahr werden oder uns erinnern würden, ausschließen und nur die sehr kleine und besondere Auswahl übrig lassen, die wahrscheinlich praktisch nützlich ist.« Gemäß einer solchen Theorie ist potentiell jeder von uns »Geist als Ganzes«. Aber soweit wir animalische Lebewesen sind, ist es unsre Aufgabe, um jeden Preis am Leben zu bleiben. Damit ein biologisches Überleben möglich werde, muß der Geist als Ganzes durch das Reduktionsventil des Gehirns und Nervensystems hindurchfließen. Was am andern Ende hervorkommt, ist ein spärliches Rinnsal der Art von Bewußtsein, die uns hilft, auf der Oberfläche grade unseres Planeten am Leben zu bleiben. Um die Inhalte des so verringerten Bewußtseins zu formulieren und auszudrücken, hat der Mensch die Symbolsysteme und implizierten Philosophien, welche wir Sprachen nennen, erfunden und endlos ausgestaltet. Jeder Mensch ist zugleich der Nutznießer und das Opfer der sprachlichen Tradition, in die er hineingeboren wurde, – der Nutznießer insofern, als die Sprache Zugang zu den aufgespeicherten Berichten über die Erfahrungen andrer Menschen gewährt; das Opfer insofern, als sie ihn in dem Glauben, dieses reduzierte Bewußtsein sei das einzige Bewußtsein, bestärkt und seinen Wirklichkeitssinn verwirrt, so daß er nur allzu bereit ist, seine Begriffe für gegebene Tatsachen, seine Wörter für wirkliche Dinge zu halten. Was in der Sprache der Religion »diese Welt« genannt wird, ist das Universum verminderten Bewußtseins, ausgedrückt und sozusagen versteinert in der Sprache. Die verschiedenen »Jenseitswelten«, mit denen der Mensch hie und da einmal in Berührung gerät, sind ebensoviele Teilinhalte des dem Geist als Ganzem eigenen Gesamtbewußtseins. Die meisten Menschen kennen die meiste Zeit nur das, was durch das Reduktionsventil gelangt und von der Landessprache als echt wirklich geheiligt ist. Gewisse Menschen jedoch scheinen mit einer Art von Ausweichleitung geboren zu sein, welche das Reduktionsventil umgeht. Andere vermögen zeitweilige Umgehungsleitungen entweder spontan oder als Ergebnis absichtlicher »geistlicher Übungen« oder mittels Hypnose oder eines Rauschmittels zu erwerben. Durch diese dauernden oder zeitweiligen Umgehungsleitungen fließt dann freilich nicht die Wahrnehmung alles dessen, »was irgendwo im Weltall geschieht« (denn die Umgehungsleitung beseitigt das Reduktionsventil nicht, welches den Gesamtinhalt des Geistes als Ganzen noch immer ausschließt), aber von etwas mehr und vor allem von etwas anderem als dem sorgfältig nach seiner Nützlichkeit ausgewählten Material, welches unser verengter, individueller Geist für ein vollständiges oder zumindest genügendes Abbild der Wirklichkeit hält.

Das Gehirn ist mit einer Anzahl von Enzymsystemen versehen, die dazu dienen, seine Tätigkeiten zu koordinieren. Einige der Enzyme regulieren die Zufuhr von Glukose zu den Gehirnzellen. Meskalin unterbindet die Erzeugung dieser Enzyme und verringert so die Glukosemenge, die einem Organ zur Verfügung steht, welches fortwährend Zucker nötig hat. Was geschieht, wenn Meskalin die normale Zuckerration des Gehirns herabsetzt? Noch läßt sich keine allgemein gültige Antwort darauf geben. Aber was mit der Mehrzahl der wenigen Menschen, die unter Beobachtung Meskalin genommen haben, vorging, läßt sich folgendermaßen zusammenfassen:

(1) Die Fähigkeit, sich zu erinnern und folgerichtig zu denken, ist, wenn überhaupt, nur wenig verringert. (Wenn ich mir anhöre, was ich unter der Einwirkung des Meskalins sprach, kann ich nicht finden, daß ich irgendwie dümmer war als zu gewöhnlichen Zeiten.)

(2) Visuelle Eindrücke sind sehr verstärkt, und das Auge gewinnt einiges von der unbefangenen Wahrnehmungsweise der Kindheit wieder, in welcher das durch die Sinne Wahrgenommene nicht sogleich und automatisch dem Begriff untergeordnet wurde. Das Interesse für Räumliches ist verringert und das Interesse für die Zeit sinkt fast auf den Nullpunkt.

(3) Obgleich der Verstand unbeeinträchtigt bleibt und das Wahrnehmungsvermögen ungeheuer verbessert wird, erleidet der Wille eine tiefgreifende Veränderung zum Schlechteren. Wer Meskalin nimmt, fühlt sich nicht veranlaßt, irgend etwas Bestimmtes zu tun, und findet die meisten der Zwecke, für die er zu gewöhnlichen Zeiten zu handeln und zu leiden bereit war, äußerst uninteressant. Er »kann sich nicht mit ihnen abgeben«, aus dem guten Grund, daß er über Besseres nachzudenken hat.

(4) Dieses Bessere kann (wie in meinem Fall) »dort draußen« oder aber »hier innen« erlebt werden, oder in beiden Welten, der inneren und der äußeren, gleichzeitig oder nacheinander. Daß es auch wirklich Besseres ist, scheint demjenigen, der Meskalin mit gesunder Leber und ruhigem Gemüt nimmt, selbstverständlich zu sein.

Diese Wirkungen des Meskalins sind von derselben Art wie die als Folgen der Verabreichung eines Mittels zu erwartenden, welches die Leistungsfähigkeit des zerebralen Reduktionsventils zu beeinträchtigen vermag. Wenn dem Gehirn der Zucker ausgeht, wird das unterernährte Ich schwach, kann sich nicht mehr mit den notwendigen alltäglichen Verrichtungen abgeben und verliert jedes Interesse an den räumlichen und zeitlichen Beziehungen, die einem Organismus, dem daran liegt, in der Welt vorwärtszukommen, so viel bedeuten. Da der Geist als Ganzes durch das nun nicht mehr völlig dichte Ventil hindurchsickert, beginnt sich allerlei biologisch Unnützes zu ereignen. In manchen Fällen kommt es zu außersinnlichen Wahrnehmungen. Andre Menschen entdecken eine Welt visionärer Schönheit. Wieder andern enthüllt sich die Herrlichkeit, der unendliche Wert und die unendliche Bedeutungsfülle der bloßen Existenz und des gegebenen, nicht in Begriffe gefaßten Ereignisses. Im letzten Stadium der Ichlosigkeit – und ob irgendein Meskalinnehmender das je erreicht hat, weiß ich nicht – kommt es zu einer »dunklen Erkenntnis«, daß das All in allem, daß alles tatsächlich jedes ist. Weiter kann vermutlich ein endlicher Geist nicht darin gelangen, »alles wahrzunehmen, was irgendwo im Weltall geschieht«.

Wie bezeichnend ist in diesem Zusammenhang die unter der Einwirkung des Meskalins ungeheuer verstärkte Wahrnehmung von Farbe! Für gewisse Tiere ist es sehr wichtig, gewisse Färbungen unterscheiden zu können, doch über die Grenzen ihres auf Nützlichkeit abgestellten Spektrums hinaus sind die meisten völlig farbenblind. Bienen zum Beispiel verbringen die meiste Zeit damit, »die frischen Jungfrauen des Frühlings zu deflorieren«; aber wie v. Frisch gezeigt hat, können sie nur sehr wenige Farben erkennen. Der hochentwickelte Farbensinn des Menschen ist ein biologischer Luxus – unschätzbar wertvoll für ihn als intellektuelles und spirituelles, aber unnötig für sein Am-Leben-Bleiben als animalisches Wesen. Nach den ihnen von Homer in den Mund gelegten Eigenschaftswörtern zu urteilen, übertrafen die Helden des Trojanischen Kriegs die Bienen wohl kaum darin, Farben zu unterscheiden. In dieser Hinsicht zumindest ist der Fortschritt der Menschheit erstaunlich.

Meskalin verleiht allen Farben erhöhte Stärke und macht den Wahrnehmenden unzähliger feiner Abschattungen bewußt, für die er zu gewöhnlichen Zeiten völlig blind ist. Es hat den Anschein, daß für den Geist als Ganzes die sogenannten sekundären Merkmale der Dinge primäre sind. Im Gegensatz zu Locke fühlt er offenbar, daß Farbe wichtiger und beachtenswerter ist als Zahl, Lage und Größe. Wie die Meskalinnehmenden gewahren auch viele Mystiker übernatürlich lebhafte Farben, und zwar nicht nur mit dem inneren Auge sondern auch in der gegenständlichen Welt ihrer Umgebung. Ähnliches berichten medial Veranlagte und Sensible. Es gibt gewisse Medien, für welche die dem Meskalinnehmenden zuteil werdende Offenbarung während langer Zeiten eine Sache täglicher und stündlicher Erfahrung ist.

Von dieser langen, aber unentbehrlichen Abschweifung ins Gebiet der Theorie können wir nun zu den wunderbaren Tatsachen zurückkehren – zu vier Bambussesselfüßen in der Mitte eines Zimmers. Gleich den Narzissen in dem Gedicht von Wordsworth brachten sie einem »alle Arten von Reichtum« – das unschätzbare Geschenk einer neuen, unmittelbaren Einsicht in die Natur der Dinge selbst, samt einem bescheideneren Schatz von Verständnis besonders auf dem Gebiet der Künste.

Eine Rose ist eine Rose ist eine Rose (wie Gertrude Stein sagt). Aber diese Sesselbeine waren Sesselbeine waren Sankt Michael und alle seine Engel. Vier oder fünf Stunden später, als sich die Wirkungen zerebralen Zuckermangels allmählich verloren, wurde ich auf eine kleine Rundfahrt mitgenommen, die gegen Sonnenuntergang auch den Besuch dessen einschloß, was sich bescheidentlich »Der Welt Größtes Drug Store« nennt. Ganz hinten in D. W. G. D. S., zwischen den Spielwaren, den Glückwunschkarten und den »Komischen Bilderheften«, stand überraschenderweise eine Reihe von Kunstbüchern. Ich ergriff das erste, das mir zur Hand war. Es war eines über van Gogh, und das Bild, bei dem sich der Band öffnete, war »Der Sessel« – dieses erstaunliche Porträt eines *Dings an sich*, das der wahnsinnige Maler mit einer Art von anbetungsvollem Schrecken erblickte und auf seiner Leinwand wiederzugeben versuchte. Das aber war eine Aufgabe, für die sich sogar die Kraft des Genies völlig unzulänglich erwies. Der Sessel, den van Gogh gesehen hatte, war zweifellos im wesentlichen derselbe Sessel, den ich gesehen hatte. Zwar unvergleichlich wirklicher als der Sessel gewöhnlicher Wahrnehmung, blieb der Sessel auf seinem Bild doch nicht mehr als ein ungewöhnlich ausdrucksvolles Symbol der Tatsache. Die Tatsache war ein geoffenbartes So-Sein gewesen; dies hier war nur ein Sinnbild. Solche Embleme sind Quellen wahrer Erkenntnis der Natur der Dinge, und diese wahre Erkenntnis kann dazu dienen, den Geist, der sie hinnimmt, auf seine eigenen unmittelbaren Einsichten vorzubereiten. Aber das ist auch alles. So ausdrucksvoll Symbole auch sein mögen, können sie nie die Dinge sein, für die sie stehn.

Es wäre in diesem Zusammenhang interessant, eine Untersuchung darüber anzustellen, welche Kunstwerke den großen Kennern des So-Seins erreichbar waren. Was für eine Art von Gemälden hatte Meister Eckhart zu Gesicht bekommen? Welche Skulpturen und Gemälde spielten eine Rolle im religiösen Erleben eins hl. Johannes vom Kreuze, eines Hakuin, eines Hui-neng, eines William Law? Zu beantworten vermag ich diese Fragen nicht, hege aber den starken Verdacht, daß die meisten der großen Kenner des So-Seins wahrscheinlich der Kunst sehr wenig Aufmerksamkeit schenkten – einige überhaupt nichts mit ihr zu tun haben wollten, andre sich mit dem begnügten, was ein kritisches Auge als zweitrangig oder sogar zehntrangig betrachten würde. (Einem Menschen, dessen verklärter und verklärender Geist das All in jedem *Dies* zu erblicken vermag, wird die Erstrangigkeit oder Zehntrangigkeit sogar eines religiösen Gemäldes etwas höchst Gleichgültiges sein.) Kunst ist, so vermute ich, nur etwas für Anfänger oder aber für solche entschlossene Sackgäßler, die sich dafür entschieden haben, sich mit dem Ersatz fürs So-Sein zufrieden zu geben, lieber mit Sinnbildern als mit dem, was sie versinnbildlichen, mit dem trefflich komponierten Kochrezept statt der wirklichen Speise.

Ich stellte den Band van Gogh zurück und griff nach dem nächsten. Er war ein Buch über Botticelli. Ich blätterte darin. »Die Geburt der Venus« – nie eins meiner Lieblingsbilder. »Venus und Mars«, dieses liebliche Werk, so leidenschaftlich von dem armen Ruskin heruntergemacht, als die langwährende Tragödie seines Sexuallebens auf dem Höhepunkt war. Die wunderbar komponierte gestaltenreiche »Verleumdung des Apelles«. Und dann ein weniger gutes Bild: »Judith«. Aber meine Aufmerksamkeit wurde davon gefangengenommen, und ich blickte gefesselt nicht auf die blasse, neurotische Heldin oder ihre Begleiterin, nicht auf den reichbehaarten Kopf des Opfers oder die Frühlingslandschaft im Hintergrund, sondern auf die purpurne Seide von Judiths gerafftem Obergewand, ihr langes, vom Wind bewegtes Unterkleid. Dies war etwas, das ich schon gesehen hatte – an diesem selben Vormittag gesehen hatte – zwischen den Blumen und den Möbeln, als ich zufällig hinabblickte und dann willentlich und leidenschaftlich weiter auf meine gekreuzten Beine starrte. Diese Falten in meiner Hose – welch ein Labyrinth endlos bedeutsamer Vielfältigkeit! Und das Gewebe des grauen Flanells – wie reich, wie tief bedeutsam und geheimnisvoll üppig! Und hier waren diese Falten abermals, hier in Botticellis Gemälde.

Zivilisierte Menschen tragen Kleider. Darum kann es keine Porträtmalerei, keine mythologische, keine Historienmalerei ohne Wiedergabe faltenreicher Stoffe geben. Mag auch bloße Schneiderkunst für den Ursprung verantwortlich sein, sie kann nie die Erklärung sein für die üppige Entwicklung des Faltenwurfs als eines Hauptthemas aller bildenden Künste. Es ist unverkennbar, daß Künstler Faltenwurf immer um seiner selbst willen liebten – oder vielmehr um ihrer selbst willen. Wenn man Faltenwurf malt oder meißelt, malt oder meißelt man Formen, die für alle praktischen Zwecke nichtgegenständlich sind, – die Art von nichtbedingten Formen, in der Künstler, sogar solche, die der allernaturalistischesten Tradition anhangen, sich gern ausleben. Bei der durchschnittlichen Muttergottes- oder Aposteldarstellung macht das rein menschliche, voll gegenständliche Element etwa zehn vom Hundert des Ganzen aus. Alles übrige besteht aus vielfarbigen Variationen über das unerschöpfliche Thema gefältelter Wolle oder Leinwand. Und diese nichtgegenständlichen neun Zehntel einer Madonna oder eines Apostels können qualitativ ebenso wichtig sein wie quantitativ.

Sehr oft geben sie den Ton des ganzen Kunstwerks an, sie zeichnen die Tonart vor, in welcher das Thema verarbeitet wird, sie drücken die Stimmung, das Temperament, die Lebensauffassung des Künstlers aus. Stoische Abgeklärtheit enthüllt sich in den glatten Flächen, den breiten, ungequälten Falten der Gewänder Pieros della Francesca. Zwischen dem Gegebenen und dem Gewünschten, zwischen Zynismus und Idealismus hin- und hergerissen, mäßigt Bernini die fast schon karikaturenhafte Lebenstreue seiner Gesichter durch schneiderliche Abstraktionen, die in Stein oder Bronze Verkörperungen der ewigen Gemeinplätze der Rhetorik sind – des Heldentums, der Heiligkeit, der Erhabenheit, welche beständig, aber meistens vergeblich, von der Menschheit angestrebt werden. Und hierher gehören El Grecos beunruhigend eingeweidliche Gewänder und Mäntel; hierher die scharfen, zickzackenden flammenähnlichen Falten, in welche Cosimo Tura seine Gestalten kleidet. Beim ersten bricht herkömmliche Vergeistigung zu namenlosem physiologischen Sehnen zusammen; beim zweiten windet und krümmt sich ein gequältes Gefühl von der wesentlichen Fremdartigkeit und Feindseligkeit der Welt. Oder man betrachte Watteau: seine Männer und Frauen spielen Laute, machen sich für Bälle und Harlekinaden zurecht, schiffen sich auf samtigen Rasenflächen und unter edelgeformten Bäumen nach dem Kythera der Traumwelt eines jeden Liebenden ein; ihre ungeheure Schwermut und die bloßliegende, qualvoll schmerzhafte Empfindungsfähigkeit ihres Schöpfers finden ihren Ausdruck nicht in den abgebildeten Vorgängen, nicht in den porträtierten Gesten und Gesichtern, sondern in dem Relief und Gewebe ihrer Taffetkleider, ihrer seidenen Mäntelchen und Wämser. Kein Zollbreit glatter Oberfläche ist hier zu sehen, kein Augenblick des Friedens oder der Zuversicht, nur eine seidige Wildnis zahlloser winziger Fältchen und Runzeln und ein unaufhörliches Modulieren – innere Unsicherheit, mit der vollkommenen Sicherheit einer Meisterhand wiedergegeben, – aus Ton in Ton, von einer unbestimmten Farbe nach einer andern. Im Leben denkt der Mensch, und Gott lenkt. In den bildenden Künsten wird das Denken, das Beabsichtigen, vom Vorwurf besorgt; was lenkt, ist letztlich das Temperament des Künstlers und, dem zunächst (zumindest in der Porträt-, Historien- und Genrebildnerei), der gemeißelte oder gemalte Faltenwurf. Miteinander bestimmen diese beiden, daß eine *fête galante* zu Tränen rühren, eine Kreuzigung ungetrübt ruhig bis zu abgeklärter Fröhlichkeit, eine Stigmatisierung fast unerträglich sinnlich, das Abbild eines Wunders an weiblicher Hirnlosigkeit (ich denke dabei an Ingres unvergleichliche *Madame Moitessier)* von erhabenster, zugeständnislosester Geistigkeit sein soll.

Aber das ist noch nicht alles. Faltenwurf ist, wie ich nun entdeckt hatte, viel mehr als ein Kunstmittel, um nichtgegenständliche Formen in naturalistische Gemälde und Skulpturen hineinzubringen. Die Fähigkeit, das, was wir übrigen nur unter dem Einfluß von Meskalin sehen, allezeit zu sehen, ist dem Künstler angeboren. Seine Wahrnehmung ist nicht auf das biologisch oder soziologisch Nützliche beschränkt. Ein wenig der dem Geist als Ganzem eigenen Erkenntnis sickert durch das Reduktionsventil von Gehirn und Ich in sein Bewußtsein. Es ist eine Erkenntnis der allem Seienden innewohnenden Bedeutsamkeit. Für den Künstler wie für den Meskalinnehmenden sind Faltenwürfe lebendige Hieroglyphen, die auf eine besonders ausdrucksvolle Weise das unergründliche Geheimnis des reinen Seins versinnbildlichen. Stärker sogar als der Sessel, wenn auch vielleicht weniger stark als die völlig übernatürlichen Blumen, waren die Falten meiner grauen Flanellhose mit »Istigkeit« geladen. Wem oder was sie diese bevorrechtete Stellung verdankten, weiß ich nicht zu sagen. War die Ursache vielleicht die, daß die Formen faltiger Gewänder von solcher Seltsamkeit und Dramatik sind, daß sie den Blick fangen und auf diese Weise die Tatsache schierer Existenz unserer Aufmerksamkeit aufdrängen? Wer kann das wissen? Wichtig ist weniger die Ursache dieser Erfahrung als die Erfahrung selbst. Während ich in »Der Welt Größtem Drug Store« so über Judiths Gewand grübelte, erkannte ich, daß Botticelli – und nicht nur er, sondern auch viele andre Künstler – den Faltenwurf von Gewändern mit ebenso verklärten und verklärenden Augen betrachtet hatten, wie die meinen an diesem Vormittag gewesen waren. Sie hatten die Istigkeit, die Allheit und Unendlichkeit gefalteten Tuchs gesehen und ihr möglichstes getan, sie in Farben oder Stein wiederzugeben. Notwendigerweise ohne Erfolg. Denn die Herrlichkeit und das Wunder reiner Existenz gehören einer andern Ordnung an, jenseits des Ausdrucksvermögens auch der höchsten Kunst. Doch an Judiths Gewand konnte ich deutlich sehen, was ich, wäre ich ein genialer Maler gewesen, vielleicht aus meiner grauen Flanellhose gemacht hätte. Nicht viel, weiß der Himmel, verglichen mit der Wirklichkeit; aber genug, um eine Generation von Beschauern nach der andern zu entzücken, genug, um ihnen zumindest ein wenig von der wahren Bedeutung dessen verständlich zu machen, was wir in unserer kläglichen Schwachsinnigkeit »bloße Dinge« nennen und zugunsten des Fernsehens unbeachtet lassen.

»So sollte man sehen!« sagte ich immer wieder, während ich auf meine Hose blickte oder auf die wie mit Edelsteinen besetzten Bücher in den Regalen oder auf die Beine eines unendlich mehr als vangoghschen Sessels. »Das ist die Art und Weise, wie man sehen sollte und wie die Dinge in Wirklichkeit sind.« Und doch gab es da Vorbehalte. Denn sähe man immer so, würde man nie irgend etwas andres tun wollen. Nur einfach zu schauen, einfach das göttliche Nicht-Selbst einer Blume, eines Buchs, eines Sessels, eines Stücks Flanell zu sehen, das wäre schon genug. Aber wie stünde es in diesem Fall mit den Mitmenschen? Mit menschlichen Beziehungen? In den Aufzeichnungen der Gespräche jenes Vormittags finde ich beständig die Frage wiederkehren: »Was ist's mit menschlichen Beziehungen?« Auf welche Weise könnte man diese zeitlose Seligkeit des Sehens, wie man sehen sollte, mit den zeitlichen Pflichten vereinbaren, zu tun, was man tun sollte, und zu fühlen, wie man fühlen sollte? »Man sollte imstande sein«, sagte ich, »diese Hose als unendlich wichtig und Menschen als noch unendlich wichtiger zu sehen.« Man sollte – aber in der Praxis schien es unmöglich zu sein Dieses Teilhaben an der offenkundigen Herrlichkeit der Dinge ließ sozusagen keinen Raum für die gewöhnlichen, die notwendigen Angelegenheiten menschlichen Daseins, vor allem keinen für Personen betreffende. Denn Personen sind Selbstheiten, und in einer Hinsicht zumindest war ich nun ein Nicht-Selbst und gewahrte dabei das Nicht-Selbst der Dinge meiner Umgebung und gleichzeitig war ich es. Diesem neugeborenen Nicht-Selbst schienen das Benehmen und die Erscheinung des Selbst, das zu sein es für den Augenblick aufgehört hatte, ja der bloße Gedanke daran und an andre Selbst, seine einstigen Gefährten, nicht etwa zuwider zu sein (denn Zuwidersein war nicht eine der Kategorien, in deren Begriffen ich dachte), sondern ungeheuer belanglos. Von dem Experimentator dazu angehalten, zu berichten und zu analysieren, was ich tat (und wie sehr ich mich danach sehnte, mit der Ewigkeit in einer Blume, der Unendlichkeit in vier Sesselbeinen und dem Absoluten in den Falten eines Paars Flanellhosenbeine alleingelassen zu werden!), merkte ich, daß ich absichtlich die Augen der nebst meiner in dem Raum anwesenden Personen vermied, daß ich mich absichtlich davon zurückhielt, ihrer allzusehr bewußt zu sein. Die eine war meine Frau, die andre ein Mann, den ich schätze und sehr gern habe. Aber beide gehörten einer Welt an, aus der mich für den Augenblick das Meskalin befreit hatte, – der Welt der Selbstheiten, der Zeit, der moralischen Urteile und der Nützlichkeitserwägungen, der Welt (und es war diese Seite des menschlichen Lebens, die ich vor allem zu vergessen wünschte) der Selbstbehauptung, der kecken Selbstsicherheit, der überwerteten Wörter und vergötzten Begriffe.

In diesem Stadium des Verfahrens wurde mir eine große farbige Wiedergabe des wohlbekannten Selbstbildnisses von Cézanne gereicht – Kopf und Schultern eines Mannes unter einem großen Strohhut, eines rotbäckigen Mannes mit vollen roten Lippen, üppigem schwarzem Bart und dunklem, unfreundlichem Auge. Es ist ein prachtvolles Gemälde; aber was ich nun sah, war nicht ein Gemälde. Denn der Kopf nahm sogleich eine dritte Dimension an und wurde als ein kleiner, koboldhafter Mann lebendig, der aus einem Fenster in dem Blatt vor mir hervorsah. Ich begann zu lachen. Und als ich gefragt wurde, warum, wiederholte ich nur immerzu: »Was für eine Anmaßung! Wofür hält er sich denn?« Die Frage war nicht an Cézanne im besondern gerichtet, sondern an die Spezies Mensch in ihrer Gesamtheit. Wofür hielten sie sich denn alle?

»Er erinnert mich an Arnold Bennett in den Dolomiten«, sagte ich, denn mir fiel plötzlich eine zum Glück durch eine Momentaufnahme verewigte Szene ein, wie A. B. vier oder fünf Jahre vor seinem Tod eine winterliche Straße bei Cortina d'Ampezzo einherzottelte. Rings um ihn lag jungfräulicher Schnee. Den Hintergrund bildete ein hypergotisches Emporstreben roter Felszinnen. Und da ging der liebe, gute, unglückliche A. B. und übertrieb bewußt die Rolle seiner Lieblingsgestalt aus seinen Romanen, sich selbst, den

»Mordskerl« in Person. Hier schritt er einher, zottelte langsam im hellen Alpensonnenschein dahin, die Daumen in den Armlöchern seiner gelben Weste, welche sich ein wenig tiefer unten mit der Anmut eines klassizistischen Runderkers in Brighton vorwölbte, – den Kopf zurückgeworfen, als wollte er einen gestotterten Ausspruch gleichsam aus einer Haubitze auf den blauen Himmelsdom abfeuern. Was er tatsächlich sagte, habe ich vergessen; aber was seine ganze Manier und Haltung gradezu herausschrien, war: »Ich bin ebenso gut wie diese verdammten Berge da!« Und auf manche Weise war er natürlich unendlich besser; aber nicht – das wußte er sehr genau – auf die Weise, wie sich das seine Lieblings-Romangestalt einzubilden liebte.

Mit oder ohne Erfolg (was immer das heißen mag) übertreiben wir alle die Rolle unserer Lieblings-Romanfigur. Und die Tatsache, die fast unendlich unwahrscheinliche Tatsache, wirklich Cézanne zu sein, macht keinen Unterschied. Denn der vollendete Maler, mit seiner kleinen, das Gehirnventil und den Ichfilter umgehenden Rohrleitung zum Geist als Ganzem, war auch, und ebenso echt, dieser bärtige Kobold mit den unfreundlichen Augen.

Zur Erholung wandte ich mich wieder den Falten meiner Hose zu. »Dies ist die Art, wie man sehen sollte«, sagte ich abermals, und ich hätte hinzufügen können: »Dies ist die Art von Dingen, die man ansehen sollte.« Dinge, die sich nichts anmaßen, Dinge, die sich damit zufrieden geben, bloß sie selbst zu sein, selbstgenügsam sind in ihrem So-Sein, nicht eine Rolle spielen wollen, nicht wahnwitzig versuchen, es alles allein zu schaffen, abgeschnitten vom Dharma-Leib, in luziferhafter Auflehnung gegen die Gnade Gottes.

»Was dieser Art am nächsten käme«, sagte ich, »wäre ein Vermeer.«

Ja, ein Vermeer. Denn dieser rätselhafte Künstler war dreifach begabt – mit der visionären Gabe, die den Dharma-Leib als die Hecke am Ende des Gartens wahrnimmt; mit der Gabe, so viel von dieser Vision wiederzugeben, wie die Begrenztheit menschlicher Fähigkeiten ihm erlaubte; und mit der klugen Einsicht, sich in seinen Gemälden auf die leichter zu bewältigenden Aspekte der Wirklichkeit zu beschränken, denn wenngleich Vermeer Menschen darstellte, war er doch immer ein Maler von Stilleben. Cézanne, der seinen weiblichen Modellen sagte, sie sollten ihr möglichstes tun, wie Äpfel auszusehen, versuchte, im selben Geist Porträts zu malen. Aber seine Borsdorferfrauen sind Platos Ideen näher verwandt als dem Dharma-Leib in der Hecke. Sie sind die nicht in einem Sandkorn oder einer Blume, sondern in den Abstraktionen einer sehr höheren Geometrie gesehene Ewigkeit und Unendlichkeit: Vermeer verlangte von seinen Mädchen nie, sie sollten wie Äpfel aussehen. Im Gegenteil, er bestand darauf, daß sie bis zum äußersten Mädchen seien – aber immer mit dem Vorbehalt, daß sie es unterließen, sich mädchenhaft zu gehaben. Sie durften sitzen oder ruhig dastehn, aber niemals kichern, niemals Verlegenheit zeigen, niemals fromm die Hände falten oder nach abwesenden Liebsten schmachten, niemals schwatzen, niemals neidisch auf andrer Frauen Neugeborene blicken, niemals flirten, niemals lieben noch hassen noch arbeiten. Hätten sie etwas dergleichen getan, wären sie zweifellos intensiver sie selbst geworden, hätten aber aus eben diesem Grund aufgehört, ihr göttliches wesentliches Nicht-Selbst zu offenbaren. Die Pforten der Wahrnehmung Vermeers waren, wie William Blake es ausdrückt, nur teilweise gereinigt. Eine einzelne Füllung war fast völlig durchsichtig geworden; die übrige Pforte war noch immer trüb. Das wesentliche Nicht-Ich ließ sich sehr klar in den diesseits von Gut und Böse existierenden Dingen und Lebewesen wahrnehmen. In Menschen war es nur sichtbar, wenn sie sich in Ruhe befanden, ihr Gemüt unbewegt, ihr Körper regungslos war. Unter diesen Umständen konnte Vermeer das So-Sein in all seiner himmlischen Schönheit sehen – konnte es sehen und in einem geringen Maß als subtiles, prächtiges Stilleben wiedergeben. Vermeer ist zweifellos der größte Maler menschlicher Stilleben. Aber es gab immerhin andre, zum Beispiel Vermeers französische Zeitgenossen, die Brüder Le Nain. Sie wollten offenbar Genremaler sein; aber was sie tatsächlich hervorbrachten, war eine Reihe menschlicher Stilleben, in denen die gereinigte Wahrnehmung der unendlichen Bedeutsamkeit aller Dinge nicht wie von Vermeer durch eine subtile Bereicherung der Farbe und durch die Textur wiedergegeben ist, sondern durch eine erhöhte Klarheit, eine wie Besessenheit wirkende Deutlichkeit der Formen bei sehr karger, fast monochromer Farbgebung. In unsrer Zeit hatten wir Vuillard – in seinen besten Leistungen der Maler unvergeßlich herrlicher Bilder des Dharma-Leibs, wie er sich in einem bürgerlichen Schlafzimmer offenbar, des Absoluten, wie es mitten aus einer Börsenmaklerfamilie hervorlodert, die in einem Vorstadtgarten den Tee einnimmt.

> Ce qui fait que l'ancien bandagiste renie
> Le comptoir dont le faste alléchait les passants,
> C'est son jardin d'Auteuil, où, veufs de tout encens,
> Les Zinnias ont l'air d'être en tôle vernie.

Für Laurent Taillade war das Schauspiel bloß obszön. Aber hätte der Gummiwarenhändler, der sich zur Ruhe gesetzt hatte, still genug gesessen, so hätte Vuillard in ihm nur den Dharma-Leib gesehn, hätte er in den Zinnien, dem Goldfischteich, dem maurischen Turm der Villa und den Lampions ein Eckchen des Gartens Eden vor dem Sündenfall gemalt.

Indessen aber blieb meine Frage unbeantwortet. Wie war diese gereinigte Wahrnehmung damit zu vereinbaren, daß man sich gebührend mit menschlichen Beziehungen befasse, mit den notwendigen täglichen Verrichtungen und Pflichten, ganz zu schweigen von liebender Barmherzigkeit und tätigem Mitleid? Der uralte Meinungsstreit zwischen den Tätigen und den Beschaulichen erneuerte sich – erneuerte sich, was mich betraf, mit noch nie erlebter Eindringlichkeit. Denn bis zu diesem Vormittag hatte ich Kontemplation nur in ihren niedereren, gewöhnlicheren Formen gekannt – als diskursives Denken; als ein verzücktes Sichversenken in Dichtung oder Malerei oder Musik; als ein geduldiges Warten auf solche Eingebungen, ohne die auch der prosaischeste Schriftsteller nicht hoffen kann, etwas zu schaffen; als das gelegentliche Erblicken des »etwas tiefer noch Verwobenen« in der Natur, von welchem Wordsworth spricht; als methodisches Schweigen, das manchmal zu Ahnungen »dunkler Erkenntnis« führt. Jetzt aber kannte ich Kontemplation auf ihrer Höhe. Auf ihrer Höhe, aber noch nicht in ihrer Fülle. Denn in ihrer Fülle schließt der Weg Marias den Weg Marthas ein und erhebt ihn sozusagen zu einer eigenen, höheren Macht. Meskalin eröffnet den Weg Marias, versperrt aber den Weg Marthas. Es gewährt Zugang zur Kontemplation – aber zu einer Kontemplation, die mit Tätigkeit und sogar mit dem Willen zu ihr, ja schon mit jedem Gedanken an sie unvereinbar ist. Zwischen den ihm zuteil werdenden Offenbarungen neigt der Meskalinnehmende zu dem Gefühl, daß zwar in einer Hinsicht alles im höchsten Grad so ist, wie es sein soll, in einer andern aber etwas nicht so ist. Das Problem, mit dem er es zu tun hat, ist im wesentlichen dasselbe, das sich dem Quietisten stellt, dem *arhat* und, auf einer andern Ebene, dem Landschaftsmaler und dem Maler menschlicher Stilleben. Meskalin kann dieses Problem nie lösen; es kann es nur offenbarungsartig solchen Menschen stellen, denen es sich nie zuvor darbot. Die volle und endgültige Lösung läßt sich bloß von denjenigen finden, die bereit sind, der richtigen Art von »Weltanschauung« mittels der richtigen Art des Verhaltens und der richtigen Art beständiger und ungezwungener Wachsamkeit zu entsprechen. Dem Quietisten gegegenüber steht da der aktiv Kontemplative, der Heilige, der Mensch, der, mit Eckharts Worten, bereit ist, aus dem siebenten Himmel herunterzukommen, um seinem kranken Bruder einen Becher Wassers zu bringen. Dem *arhat*, der sich vor den Erscheinungen in ein völlig transzendentales Nirwana zurückzieht, steht der Bodhisattwa gegenüber, für welchen So-Sein und die Welt der zufälligen Ereignisse eins sind und für dessen grenzenloses Mitgefühl jedes einzelne dieser Ereignisse nicht nur eine Gelegenheit zu verklärender Einsicht, sondern auch zu tätigster Barmherzigkeit ist. Und in der Welt der Malerei steht Vermeer und den andern Malern menschlicher Stilleben, steht den Meistern chinesischer und japanischer Landschaftsmalerei, steht Constable und Turner, Sisley und Seurat und Cézanne die allumfassende Kunst Rembrandts gegenüber. Das sind gewaltige Namen, unersteigliche Hochgipfel. Was mich betraf, konnte ich an diesem denkwürdigen Maimorgen nur dankbar sein für ein Erlebnis, das mir klarer, als ich sie je zuvor gesehen hatte, die zeitliche Natur der Herausforderung und die völlig befreiende Antwort darauf zeigte.

Bevor wir uns von diesem Gegenstand abwenden, möchte ich hinzufügen, daß es keine Form der Kontemplation, nicht einmal die quietistischeste, gibt, die keine ethischen Werte enthält. Mindestens die Hälfte aller Ethik ist negativ und besteht darin, kein Unheil anzurichten. Das Vaterunser ist keine fünfzig Wörter lang, und sechs dieser Wörter sind der Bitte gewidmet, Gott möge uns nicht in Versuchung führen. Der einseitig Kontemplative läßt vieles ungetan, was er tun sollte; aber um das auszugleichen, unterläßt er eine ganze Menge dessen, was er nicht tun sollte. Die Summe des Bösen, so sagt Pascal, würde sich sehr verringern, wenn die Menschen nur lernen könnten, ruhig in ihren Zimmern zu sitzen. Der Kontemplative, dessen Wahrnehmung gereinigt wurde, braucht nicht in seinem Zimmer zu bleiben. Er kann so völlig befriedigt davon, die göttliche Weltordnung zu sehen und ein Teil von ihr zu sein, seinem Tagewerk nachgehn, daß er nie auch nur versucht sein wird, sich darauf einzulassen, was Thomas Traherne »die schmutzigen Schliche der Welt« nannte. Wenn wir uns als die alleinigen Erben des Weltalls fühlen, wenn »das Meer in unsern Adern fließt ... und die Sterne unsere Schmuckstücke sind«, wenn alle Dinge als unendlich und heilig wahrgenommen werden, welchen Beweggrund können wir da zu Begehrlichkeit oder Selbstüberhebung haben, zu einem Streben nach Macht oder der Sucht nach den öderen Formen des Vergnügens? Kontemplative werden wohl kaum zu Glückspielern oder Kupplern oder Säufern; sie predigen in der Regel nicht Unduldsamkeit und Krieg; sie finden es nicht notwendig zu rauben, zu betrügen oder die Armen zu bedrücken. Und diesen gewaltigen negativen Tugenden können wir eine andre hinzufügen, die zwar schwer zu definieren, aber positiv und auch wichtig ist. Der *arhat* und der Quietist üben Kontemplation vielleicht nicht in vollster Fülle aus; aber wenn sie sie überhaupt ausüben, können sie erleuchtende Berichte über ein andres, ein transzendentales Land des Geistes von dort mitbringen. Und wenn sie Kontemplation auf höchster Höhe ausüben, werden sie Leitgefäße werden, durch welche ein wohltätiger Einfluß aus jenem andern Land in eine Welt verdunkelter Selbstheiten fließen kann, die dauernd nach ihm verdurstet.

Mittlerweile hatte ich mich auf Verlangen des Experimentators von dem Porträt Cézannes den Vorgängen zugewendet, die sich in meinem Kopf abspielten, wenn ich die Augen schloß. Diesmal war die Insicht verwunderlich unergiebig. Das Gesichtsfeld war von stark gefärbten, beständig wechselnden Gebilden gefüllt, die aus Kunstharz oder emailliertem Blech gemacht zu sein schienen.

»Billig!« war meine Bemerkung dazu. »Gewöhnlich! Wie Dinge aus einem Zehn-Cent-Basar.«

Und all dieses minderwertige Zeug war in einem geschlossenen, eingeengten Universum vorhanden.

»Es ist so, als wäre man auf einem Schiff unter Deck«, sagte ich. »In einem schwimmenden Zehn-Cent-Basar.«

Und bei weiterer Betrachtung wurde mir klar, daß dieses Zehn-Cent-Basarschiff irgendwie mit menschlichen Anmaßungen zusammenhing. Dieses erstickende Innere eines Zehn-Cent-Basarschiffs war mein eigenes persönliches Ich; dieser Krimskrams beweglicher Teilchen aus Blech und Kunstharz war mein persönlicher Beitrag zum Weltall.

Ich empfand die Lektion als heilsam, aber es betrübte mich dennoch, daß sie in diesem Augenblick und in dieser Form erteilt werden mußte. In der Regel entdeckt der Meskalinnehmende eine innere Welt, die so offenkundig etwas Gegebenes, so einleuchtend unendlich und heilig ist wie die verwandelte äußere Welt, welche ich mit offenen Augen gesehen hatte. Von Anfang an war mein eigener Fall davon verschieden. Meskalin hatte mich vorübergehend befähigt, mit geschlossenen Augen allerlei zu sehen; aber es konnte mir, wenigstens bei dieser Gelegenheit, keine Insicht enthüllen, die auch nur im entferntesten den Blumen oder dem Sessel oder meiner Flanellhose »dort draußen« vergleichbar gewesen wäre. Was es mich innerlich hatte wahrnehmen lassen, war nicht der Dharma-Leib in Ebenbildern, sondern mein eigener Geist; nicht archetypisches So-Sein, sondern eine Gruppe von Symbolen – mit andern Worten: hausgemachter Ersatz fürs So-Sein.

Die meisten visuell Veranlagten werden durch Meskalin in Visionäre verwandelt. Einige von ihnen – und sie sind vielleicht zahlreicher, als allgemein angenommen wird, – bedürfen keiner Verwandlung; sie sind die ganze Zeit Visionäre. Die geistige Spezies, zu der William Blake gehörte, ist sogar in den verstädterten, industrialisierten menschlichen Gesellschaften der heutigen Zeit ziemlich weit verbreitet. Die Einzigartigkeit dieses Dichtermalers besteht nicht darin, daß er (um aus seinem »Beschreibenden Katalog« zu zitieren) tatsächlich »diese wundervollen Urbilder, die in der Heiligen Schrift die Cherubim genannt werden«, *sah*. Sie besteht nicht darin, daß » . . . diese in meinen Visionen gesehenen Urbilder, einige von ihnen, hundert Fuß hoch waren . . . und alle eine mythologische und verborgene Bedeutung enthielten«. Seine Einzigartigkeit besteht ausschließlich in seiner Fähigkeit, in Worten oder (mit etwas geringerem Gelingen) in Linien und Farben wenigstens die Andeutung eines nicht übermäßig ungewöhnlichen Erlebnisses zu vermitteln. Der künstlerisch unbegabte Visionär kann eine nicht weniger gewaltige, schöne und bedeutungsvolle innere Wirklichkeit wahrnehmen als die von Blake geschaute Welt; aber es fehlt ihm ganz und gar die Fähigkeit, in Wort- oder Bildsymbolen auszudrücken, was er gesehen hat.

Aus den Zeugnissen der Religion und den erhalten gebliebenen Denkmälern der Dichtkunst und der bildenden Künste ergibt sich sehr deutlich, daß die Menschen fast immer und überall dem innerlich Geschauten mehr Bedeutung beilegten als dem objektiv Existierenden und fühlten, das mit geschlossenen Augen Gesehene besitze eine spirituell höhere Bedeutung als das, was sie mit offenen Augen sahen. Der Grund? Vertrautsein erzeugt Verachtung, und sich am Leben zu erhalten, ist eine Aufgabe, die in ihrer Dringlichkeit vom chronisch Langweiligen zum akut Qualvollen reicht. Die äußere Welt ist das, worin wir jeden Morgen unsres Lebens erwachen, ist der Ort, wo wir uns, ob wir wollen oder nicht, unsern Lebensunterhalt verschaffen müssen. In der inneren Welt gibt es weder Arbeit noch Eintönigkeit. Wir besuchen sie nur in Träumen und Träumereien, und ihre Seltsamkeit ist von solcher Art, daß wir nie bei zwei aufeinander folgenden Gelegenheiten dieselbe Welt vorfinden. Kein Wunder also, wenn die Menschen auf ihrer Suche nach dem Göttlichen gewöhnlich lieber nach innen blickten! Gewöhnlich, aber nicht immer. Die Taoisten und die Zen-Buddhisten blickten, in ihrer Kunst nicht weniger als in ihrer Religion, über Visionen hinaus in die große Leere und durch diese auf »die zehntausend Dinge« der objektiven Wirklichkeit. Christen hätten, ihres Glaubenssatzes vom fleischgewordenen Wort wegen, von Anfang an fähig sein sollen, eine ähnliche Haltung gegenüber ihrer Umwelt einzunehmen. Aber des Glaubenssatzes vom Sündenfall wegen fanden sie es sehr schwer, das zu tun. Noch vor dreihundert Jahren war der Ausdruck einer gründlichen Weltverachtung und sogar Weltverdammung sowohl rechtgläubig als auch verständlich. »Wir sollten Verwunderung über nichts in der Natur empfinden, ausgenommen einzig die Fleischwerdung Christi.« Im 17. Jahrhundert schien dieser Satz Lallemants Sinn zu haben. Heute klingt er nach Wahnsinn.

In China erfolgte der Aufstieg der Landschaftsmalerei zum Rang einer hohen Kunst vor etwa tausend, in Japan vor etwa sechshundert und in Europa vor etwa dreihundert Jahren. Die Gleichsetzung des Dharma-Leibs mit der Hecke nahmen die Zen-Meister vor, welche den taoistischen Naturalismus dem buddhistischen Transzendentalismus vermählten. Darum kam es nur im Fernen Osten dahin, daß Landschaftsmaler ihre Kunst bewußt als religiös betrachteten. Im Westen bestand die religiöse Malerei im Porträtieren heiliger Personen und Illustrieren geheiligter Texte. Landschaftsmaler betrachteten sich als weltliche Künstler. Heute anerkennen wir in Seurat einen der größten Meister dessen, was man mystische Landschaftsmalerei nennen könnte, und doch war dieser Maler, der wirkungsvoller als irgendein andrer das Eine im Vielen wiederzugeben vermochte, ganz entrüstet, als jemand ihn ob der »Poesie« seiner Werke lobte. »Ich wende bloß die Methode an«, verwahrte er sich. Mit andern Worten, er war bloß ein Pointillist und in seinen eigenen Augen nichts sonst. Eine ähnliche Anekdote ist über John Constable bekannt. Eines Tags gegen Ende seines Lebens traf Blake seinen jüngeren Kunstgenossen in Hampstead, und dieser zeigte ihm eine seiner Skizzen. Trotz seiner Verachtung für naturalistische Kunst erkannte der alte Visionär etwas Gutes, wenn er es zu Gesicht bekam – natürlich nur, wenn es nicht von Rubens war. »Das ist nicht Zeichnen«, rief er aus, »das ist Inspiriertsein!« – »Ich hatte zu zeichnen gemeint«, war Constables charakteristische Antwort. Beide hatten recht. Es *war* Zeichnen, genaues und wahrheitsgetreues, und zugleich *war* es Inspiriertsein – eine Inspiration von mindestens so hohem Rang wie die Blakes. Die Föhren auf Hampstead Heath waren tatsächlich als identisch mit dem Dharma-Leib gesehen worden. Die Skizze war eine notwendigerweise unvollkommene, aber doch eindrucksvolle Wiedergabe dessen, was ein gereinigtes Wahrnehmungsvermögen den offenen Augen eines großen Malers enthüllt hatte.

Aus einer in der Tradition eines Wordsworth und Whitman liegenden Kontemplation des Dharma-Leibs als Hecke und aus solchen Visionen wie die Blakes von den »wundervollen Urbildern« haben sich unsre zeitgenössischen Dichter darauf zurückgezogen, sich mit dem persönlichen, im Gegensatz zum überpersönlichen, Unterbewußten zu befassen und in höchst abstrakten Ausdrücken nicht die gegebenen objektiven Tatsachen, sondern bloße wissenschaftliche und theologische Begriffe wiederzugeben. Und etwas Ähnliches hat sich in der Malerei abgespielt. Hier waren wir Zeugen eines allgemeinen Rückzugs aus der Landschaftsmalerei, der vorherrschenden Kunstform des 19. Jahrhunderts. Er erfolgte nicht in dieses andre, innere, göttliche Gegebene, mit dem sich die meisten der traditionellen Schulen der Vergangenheit befaßten; nicht in diese Archetypen-Welt, in welcher die Menschen immer die Rohstoffe für Mythus und Religion fanden. Nein, es war ein Rückzug aus dem äußeren Gegebenen in das persönliche Unterbewußte, in eine seelische Welt, eine trübere und dichter abgeschlossene als sogar die Welt bewußter Persönlichkeit. Diese Machwerke aus Blech und grellfarbigem Kunstharz – wo hatte ich sie schon zuvor gesehn? In jeder Bildergalerie, in der das Neueste an nichtgegenständlicher Kunst ausgestellt ist.

Und nun brachte jemand ein Grammophon herbei und legte eine Platte auf. Ich hörte mit Genuß zu, erlebte aber nichts meinen gesehenen Apokalypsen von Blumen oder Flanell Vergleichbares. Würde ein von Natur zum Musiker Begabter die Offenbarungen *hören*, die für mich ausschließlich visuell gewesen waren? Es wäre interessant, dieses Experiment anzustellen. Indes trug die Musik, obgleich sie nicht verklärt war und ihre normale Qualität und Intensität beibehielt, nicht wenig zu meinem Verständnis des von mir Erlebten und der größeren, durch dieses Erlebnis aufgeworfenen Probleme bei.

Instrumentalmusik ließ mich seltsamerweise ziemlich kalt. Mozarts Klavierkonzert in c-moll wurde nach dem ersten Satz unterbrochen und eine Platte mit einigen Madrigalen von Gesualdo aufgelegt.

»Diese Stimmen«, sagte ich anerkennend, »diese Stimmen – sie sind eine Art von Brücke zurück in die menschliche Welt.«

Und eine Brücke blieben sie, sogar während sie diese höchst erstaunlich chromatischen Kompositionen des verrückten Fürsten sangen. Durch die ungleich langen Perioden des Madrigals nahm die Musik ihren Fortgang und verharrte keine zwei Takte lang in derselben Tonart. Bei Gesualdo, dieser phantastischen Gestalt wie aus einem Schauer- und Rührstück Websters, hat psychischer Zerfall eine Neigung übertrieben, ja auf die Spitze getrieben, die modaler, im Gegensatz zu völlig tonaler, Musik innewohnt. Die Werke, die sich daraus ergaben, klingen, als wären sie ziemlich später Schönberg.

»Und doch«, fühlte ich mich gezwungen zu sagen, während ich diesen seltsamen Erzeugnissen einer auf eine spätmittelalterliche Kunstform einwirkenden Gegenreformations-Psychose lauschte, »und doch macht es gar nichts, daß er ganz in Stücken ist. Das Ganze ist desorganisiert. Aber jedes einzelne Bruchstück ist in Ordnung, ist ein Vertreter einer höheren Ordnung. Diese höhere, göttliche Ordnung herrscht sogar in dem Zerfall. Die Ganzheit ist auch noch in den Bruchstücken vorhanden. Vielleicht deutlicher vorhanden als in einem völlig zusammenhängenden Werk. Zumindest wird man nicht durch eine bloß menschliche, bloß gemachte Ordnung in ein falsches Sicherheitsgefühl eingewiegt. Man muß sich auf die eigene unmittelbare Wahrnehmung der höchsten, endgültigen Ordnung verlassen. So kann also in gewissem Sinn auflösender Zerfall seine Vorteile haben. Aber selbstverständlich ist er gefährlich, schrecklich gefährlich. Wie, wenn man nicht mehr zurückfände aus dem Chaos . . .?«

Von Gesualdos Madrigalen sprangen wir über eine Kluft von drei Jahrhunderten zu Alban Berg und seiner »Lyrischen Suite«.

»Das«, so verkündete ich im voraus, »wird höllisch werden.«

Aber wie es sich ergab, war ich im Irrtum. Tatsächlich klang diese Musik recht komisch. Aus dem persönlichen Unterbewußtsein heraufgebaggert, folgte eine Zwölfton-Seelenqual der andern; aber was mir auffiel, war nur das wesentliche Mißverhältnis zwischen einem noch größeren psychischen Zerfall als bei Gesualdo und der zu seinem Ausdruck aufgewendeten gewaltigen Mittel an Talent und Technik.

»Wie leid er sich tut!« bemerkte ich dazu mit einem spöttischen Mangel an Mitgefühl. Und dann: »Katzenmusik – gelahrte Katzenmusik!« Und schließlich, nach noch ein paar Minuten des Seelenschmerzes: »Wen kümmern schon seine Gefühle? Warum kann er nicht auf etwas andres achten?«

Als eine Kritik an einem unbezweifelbar sehr bemerkenswerten Werk war das unfair und unzulänglich – aber, wie ich glaube, nicht belanglos. Ich führe es an, was immer es wert sein mag, weil ich nun einmal in einem Zustand reiner Kontemplation so auf die »Lyrische Suite« reagierte.

Als sie zu Ende war, schlug der Experimentator einen Gang durch den Garten vor. Ich willigte ein, und obgleich mein Körper sich fast völlig von meinem Geist losgesagt zu haben schien – um genauer zu sein, obgleich mein Bewußtsein der verwandelten äußeren Welt nun nicht mehr von einem Bewußtsein meines körperlichen Mechanismus begleitet war, – entdeckte ich, daß ich nach einem bloß ganz geringen Zögern fähig war, aufzustehn, die Glastür zu öffnen und in den Garten hinauszugehn. Es war natürlich sehr wunderlich, das Gefühl zu haben, daß »ich« nicht mehr dasselbe war wie diese Arme und Beine »dort draußen«, wie dieser völlig objektive Rumpf und Hals und sogar dieser Kopf. Es war wunderlich; aber man gewöhnte sich bald daran. Und jedenfalls schien der Körper durchaus imstande zu sein, selber für sich zu sorgen. In Wirklichkeit sorgt er natürlich immer selber für sich. Das bewußte Ich kann nicht mehr tun, als Wünsche zu formulieren, welche dann durch Kräfte ausgeführt werden, die es sehr wenig beherrscht und ganz und gar nicht versteht. Wenn es irgend mehr tut – wenn es sich zum Beispiel zu sehr anstrengt, wenn es sich zu sehr sorgt, zu sehr die Zukunft fürchtet – verringert es die Wirksamkeit dieser Kräfte und kann sogar die Ursache werden, daß der in seiner Lebenskraft geschwächte Körper erkrankt. In meinem gegenwärtigen Zustand war mein Bewußtsein nicht auf ein Ich bezogen; es war sozusagen selbständig. Das bewirkte, daß auch der den Körper beherrschende physiologische Verstand selbständig war. Für den Augenblick war jener störfreudige Neurotiker, der in wachen Stunden das Ganze zu dirigieren versucht, glücklicherweise aus dem Weg.

Durch die Glastür trat ich unter eine Art von Pergola hinaus, die zum Teil von einer Schlingrose bedeckt ist, zum Teil von Lattenstäben, je einen Zoll breit, mit einem halben Zoll Zwischenraum zwischen ihnen. Die Sonne schien, und die Schatten der Stäbe bildeten ein Zebramuster auf dem Boden und über Sitz und Lehne eines Liegestuhls, der hier unter der Pergola stand. Dieser Liegestuhl – werde ich ihn je vergessen? Wo die Schatten auf seine Kanevasbespannung fielen, wechselten Streifen eines tiefen, aber glühenden Indigoblaus mit Streifen eines so hellen Leuchtens ab, daß es schwer zu glauben war, sie könnten aus etwas anderem als blauem Feuer sein. Eine, wie mir vorkam, unendlich lange Zeit blickte ich hin ohne zu wissen, ja sogar ohne wissen zu wollen, was sich mir da gegenüber befand. Zu jeder andern Zeit hätte ich einen abwechselnd von Licht und Schatten gestreiften Liegestuhl gesehn. Heute aber hatte der Wahrnehmungsinhalt den Begriffsinhalt verschlungen. Ich war so völlig vom Schauen in Anspruch genommen, so sehr wie vom Donner gerührt von dem, was ich tatsächlich sah, daß ich mir sonst nichts bewußt zu sein vermochte. Gartenmöbel, Lattenstäbe, Sonnenlicht, Schatten – das waren bloß Namen und Begriffe, bloß Verwörterungen für nützliche oder wissenschaftliche Zwecke. Das Ergebnis war diese Aufeinanderfolge azurblauer Schmelzofentüren, die durch Klüfte unergründlichen Enzianblaus voneinander getrennt waren. Es war unaussprechlich wundervoll, fast in erschreckendem Grad wundervoll. Und plötzlich hatte ich eine Ahnung davon, was für ein Gefühl es sein muß, wahnsinnig zu sein. Die Schizophrenie hat ebenso ihre Himmel wie ihre Höllen und Fegefeuer. Ich erinnere mich, was mir ein schon vor Jahren verstorbener Freund von seiner wahnsinnigen Frau erzählte. Eines Tags während des frühen Stadiums der Krankheit, als seine Frau noch luzide Intervalle hatte, war er in die Heilanstalt gegangen, um mit ihr über die Kinder zu sprechen. Sie hörte ihm eine Zeitlang zu und schnitt ihm dann das Wort ab. Wie könne er es über sich bringen, seine Zeit auf zwei abwesende Kinder zu vergeuden, wenn alles, worauf es wirklich ankomme, hier und jetzt ankomme, die unaussprechliche Schönheit der Muster sei, die seine braune Tweedjacke bilde, so oft er den Arm bewege? Leider jedoch sollte dieses Paradies gereinigter Wahrnehmung, reiner, aber einseitiger Kontemplation, nicht von Dauer sein. Die seligen Zwischenzeiten wurden immer seltener, immer kürzer, bis schließlich gar keine mehr kamen und nur Grauen übrigblieb.

Die meisten Meskalinnehmenden erleben bloß den himmlischen

Teil der Schizophrenie. Die Droge bringt nur denen die Hölle und das Fegefeuer, die vor kurzem einen Anfall von Gelbsucht hatten oder an periodischen Depressionen oder chronischer Angst leiden. Wenn Meskalin, wie die andern Rauschmittel von entfernt vergleichbarer Stärke, notorisch toxisch wäre, gäbe schon sein bloßer Genuß Anlaß zu Befürchtungen. Aber ein durchschnittlich gesunder Mensch weiß voraus, daß Meskalin für ihn völlig unschädlich ist, daß seine Wirkungen sich nach acht bis zehn Stunden verlieren, keinen Katzenjammer hinterlassen und daher auch kein Lechzen nach einer Erneuerung der Dosis. Gestützt durch dieses Wissen, läßt er sich ohne Furcht auf das Experiment ein – mit andern Worten, ohne irgendeine Prädisposition dazu, eine beispiellos seltsame und anders als menschliche Erfahrung in etwas Entsetzliches, etwas tatsächlich Teuflisches zu verwandeln.

Einem Liegestuhl gegenüber, der aussah wie das Jüngste Gericht, – oder, genauer gesagt, einem Jüngsten Gericht gegenüber, das ich nach langer Zeit und mit beträchtlicher Schwierigkeit als einen Liegestuhl erkannte, – ertappte ich mich plötzlich auf der Schwelle von Panik. Dies, so fühlte ich auf einmal, ging denn doch zu weit. Zu weit, obgleich es ein Eindringen in intensivere Schönheit, tiefere Bedeutung war. Die Furcht, wie ich sie nun nachträglich analysiere, galt einem Überwältigtwerden, einem Zerfallen unter einem Druck der Wirklichkeit, der so stark würde, daß ihn ein die meiste Zeit in einer kosigen Welt von Symbolen zu leben gewohnter Geist unmöglich ertragen könnte. Die Literatur religiösen Erlebens ist überreich an Hinweisen auf die Schmerzen und Schrecken, von denen diejenigen überwältigt werden, die sich plötzlich einer Offenbarung des *mysterium tremendum* gegenübersehn. In der Sprache der Theologie ausgedrückt, ist an dieser Furcht die Unvereinbarkeit der menschlichen Ichsucht mit der göttlichen Reinheit schuld, der von ihm selbst verschärften Abgegrenztheit des Menschen mit der Grenzenlosigkeit Gottes. Jakob Boehme und William Law folgend, läßt sich sagen, daß von unregenerierten Seelen das göttliche Licht in seinem vollen Glanz nur als ein brennendes, alle Unreinheit hinwegfegendes Feuer aufgefaßt werden kann. Etwas beinahe Identisches findet sich in dem »Tibetanischen Totenbuch«, wo beschrieben wird, wie die abgeschiedene Seele in höchster Qual vor dem »klaren

Licht der großen Leere« und sogar vor den kleineren, gemäßigten Lichtern zurückscheut und sich kopfüber in das tröstliche Dunkel der Selbstheit stürzt, der Selbstheit als wiedergeborener Mensch oder sogar als Tier, als unseliger Geist, als ein Bewohner der Hölle. Alles, alles, nur nicht diese brennende Helle ungemilderter Wirklichkeit!

Der Schizophrene ist nicht nur eine unregenerierte, sondern obendrein auch schwerkranke Seele. Seine Krankheit besteht in dem Unvermögen, sich vor der inneren und äußeren Wirklichkeit (wie das der geistig Gesunde gewohnheitsmäßig tut) in das hausgemachte Weltall der Vernunft zu flüchten – in die streng menschliche Welt nützlicher Begriffe, gemeinsamer Symbole und allgemein anerkannter Konventionen. Der Schizophrene gleicht einem dauernd unter dem Einfluß von Meskalin Stehenden und ist daher nicht imstande, das Erleben einer Wirklichkeit auszuschalten, mit der zu leben er nicht heilig genug ist, die er nicht wegerklären kann, denn sie ist die beharrlichste aller Grundtatsachen, und die ihm, weil sie ihm nie erlaubt, die Welt mit bloß menschlichen Augen anzusehen, einen solchen Schrecken einjagt, daß er ihre unablässige Fremdartigkeit, ihre brennend heftige Bedeutsamkeit als Kundgebungen menschlicher oder sogar kosmischer Böswilligkeit auslegt, welche die verzweifeltsten Gegenmittel fordert, von mörderischer Gewalttätigkeit bis zu Katatonie oder psychischem Selbstmord. Und einmal auf dieser abwärtsführenden, dieser Höllenstraße, wäre man nicht mehr imstande, haltzumachen. Das war mir nun nur allzu klar.

»Wenn man in der falschen Richtung zu gehn begänne«, sagte ich als Antwort auf die Fragen des Experimentators, »wäre alles, was geschieht, ein Beweis für die Verschwörung gegen einen. Es würde alles sich selbst Gültigkeit verleihen. Man könnte keinen Atemzug tun, ohne zu wissen, er sei ein Teil der Verschwörung.«

»Also glauben Sie den Weg zu kennen, der zum Wahnsinn führt?«

Meine Antwort war ein überzeugtes und tief empfundenes Ja.

»Und Sie hätten keine Macht darüber?«

»Nein. Ich hätte keine Macht darüber. Wenn man von Furcht und Haß als Voraussetzungen ausginge, müßte man weitergehn bis zum letzten Schluß.«

»Wärst du imstande«, fragte meine Frau, »deine Aufmerksamkeit fest auf das zu richten, was das ›Tibetanische Totenbuch‹ das ›klare Licht‹ nennt?«

Ich äußerte meine Zweifel.

»Würde es das Übel bannen, dieses Licht, wenn du es im Auge behalten könntest, oder wärst du das nicht imstande?«

Ich erwog die Frage eine Weile.

»Vielleicht«, antwortete ich endlich. »Vielleicht könnte ich das. Aber nur, wenn jemand dabei wäre, der mir von dem klaren Licht sprechen würde. Man könnte es nicht von allein. Das ist vermutlich der Sinn des tibetanischen Rituals – daß jemand die ganze Zeit bei einem ist und einem sagt, worauf es ankommt.«

Nachdem ich mir dann später die Aufnahme dieses Teils des Experiments angehört hatte, holte ich mir das ›Tibetanische Totenbuch‹ von Evans-Wentz aus dem Regal und öffnete es aufs Geratewohl.

»O Edelgeborener, laß deinen Geist nicht abgelenkt werden!« Das war das Problem: unabgelenkt zu bleiben. Unabgelenkt durch die Erinnerung an begangene Sünden, vorgestellte Genüsse, den bitteren Nachgeschmack alten erlittenen Unrechts und alter Demütigungen, durch all die Furcht- und Haßgefühle und Begierden, die für gewöhnlich das Licht verdunkeln. Was jene buddhistischen Mönche für die Sterbenden und die Toten tun, könnte das der moderne Psychiater nicht für die Geistesgestörten? Es muß nur eine Stimme da sein, um sie bei Tag und sogar während des Schlafs dessen zu versichern, daß trotz all der Schrecken, all der Bestürzung und Verwirrung die letzte Wirklichkeit unerschütterlich sie selbst bleibt und von derselben Substanz ist wie das Innere Licht auch des aufs grausamste gemarterten Gemüts. Mit Hilfe solcher Vorrichtungen wie Plattenspieler, von Uhren betätigte Auslösehebel, Lautsprecheranlagen und Kopfkissen-Leisesprecher sollte es sehr leicht sein, die Insassen auch einer Anstalt mit zu geringem Personal unaufhörlich an diese Grundtatsache zu gemahnen. Vielleicht würde einigen dieser verlorenen Seelen auf diese Weise dazu verholfen, ein gewisses Maß von Herrschaft über jene Welt – eine zugleich schöne und entsetzliche, aber immer anders als menschliche, immer völlig unbegreifliche Welt – zu gewinnen, in welcher zu leben sie sich verurteilt sehen.

Keineswegs zu früh wurde ich von der beunruhigenden Pracht und Herrlichkeit meines Liegestuhls weggesteuert. In grünen Parabeln von der Hecke herabhängend strahlte das Efeulaub ein jadeartig glasiges Leuchten aus. Einen Augenblick später explodierte ein Beet vollerblühter Fackellilien in meinem Gesichtsfeld. So leidenschaftlich lebendig, daß sie ganz nahe daran zu sein schienen, etwas zu verkünden, strebten die flammenroten Blütenstände aufwärts ins Blau. Wie der Liegestuhl unter den Latten der Pergola, »beteuerten« auch sie »zuviel«. Ich blickte auf die Blätter und entdeckte ein wellenförmiges kompliziertes Muster der zartesten grünen Lichter und Schatten, das von unenträtselbarem Geheimnis pulsierte.

Rosen:
Die Blüten sind leicht zu malen,
die Blätter schwierig.

Das *haiku* des Shiki drückt mittelbar genau das aus, was ich empfand – die übermäßige, die allzu unverkennbare Herrlichkeit der Blüten im Gegensatz zu dem subtileren Wunder des Blattwerks.

Wir gingen auf die Straße hinaus. Ein großes blaßblaues Auto stand am Randstein. Bei seinem Anblick wurde ich plötzlich von ungeheurer Lustigkeit überkommen. Was für eine Selbstgefälligkeit, was für eine absurde Selbstzufriedenheit lächelte breit aus diesen gewölbten Flächen schimmernden Emaillacks! Ich lachte, bis mir die Tränen über die Wangen liefen.

Wir gingen ins Haus zurück. Eine Mahlzeit stand bereit. Jemand, der noch nicht mit mir selbst identisch war, stürzte sich mit Wolfshunger darauf. Aus einer beträchtlichen Entfernung und ohne großes Interesse sah ich zu.

Als die Mahlzeit beendet war, stiegen wir in das Auto und fuhren spazieren. Die Wirkungen des Meskalins begannen schon nachzulassen; aber die Blumen in den Gärten standen noch immer auf der Schwelle des Übernatürlichseins. Die Pfeffer- und Johannisbrotbäume längs der Seitenstraßen gehörten noch immer offenkundig einem heiligen Hain an. Der Garten Eden wechselte mit Dodona ab, Yggdrasil mit der mystischen Rose. Und dann, ganz plötzlich, waren wir an einer Straßenkreuzung und warteten, um den Sunset

Boulevard zu queren. Vor uns rollten die Autos in einem stetigen Strom vorbei – tausende, alle gleißend und glänzend wie der Traum eines Reklamefachmanns, und das nächste immer lächerlicher als das vorige. Abermals wurde ich von Lachen geschüttelt.

Das Rote Meer des Verkehrs teilte sich endlich, und wir fuhren hinüber in eine andre Oase von Bäumen, Rasenflächen und Rosen. Nach ein paar Minuten waren wir zu einem Aussichtspunkt in den Bergen hinaufgelangt, und die Stadt lag ausgebreitet zu unsern Füßen. Ziemlich enttäuschend war es, daß sie ganz wie die Stadt aussah, die ich bei andern Gelegenheiten gesehen hatte. Was mich betraf, war die Verklärung proportional der Entfernung. Je näher, desto göttlicher anders. Dieses riesige, matte Panorama unterschied sich kaum von sich selbst.

Wir fuhren weiter, und solange wir in den Bergen blieben, wo eine Fernsicht auf die andre folgte, blieb die Bedeutsamkeit auf ihrer Alltagsstufe, ein gutes Stück unter dem Verklärungspunkt. Der Zauber begann erst wieder zu wirken, als wir uns hinabwandten in eine neue Vorstadt und zwischen zwei Häuserzeilen dahinrollten. Hier kam es trotz der besondern Scheußlichkeit der Architektur zu neuerlichen Fällen transzendenten Andersseins, zu Andeutungen des Himmels vom Vormittag. Ziegelschornsteine und imitierte grüne Kupferdächer glühten im Sonnenschein wie Stücke des Neuen Jerusalems. Und auf einmal sah ich, was Guardi gesehen und so oft (mit welch unvergleichlicher Meisterschaft!) auf seinen Bildern wiedergegeben hatte – eine Stukkomauer mit einem schräg über sie fallenden Schatten, eine kahle, aber unvergeßlich schöne Mauer, leer, aber durch und durch von der ganzen Bedeutsamkeit, dem ganzen Geheimnis des Daseins erfüllt. Die Offenbarung ging auf und war im Bruchteil einer Sekunde schon wieder verschwunden. Das Auto war weitergefahren; die Zeit enthüllte eine neue Kundgebung des ewigen So-Seins. »Innerhalb von Selbigkeit ist Verschiedenheit. Aber daß Verschiedenheit von Selbigkeit verschieden sein soll, ist keineswegs die Absicht aller Buddhas. Ihre Absicht ist beides: Ganzheit und Unterschiedlichkeit.« Diese Böschung mit roten und weißen Geranien zum Beispiel – sie war völlig verschieden von der Stukkomauer hundert Schritte hinter uns. Aber die Istigkeit beider war dieselbe. Das Ewige ihrer Vergänglichkeit war dasselbe.

Eine Stunde später, als wir noch fünfzehn Kilometer und den Besuch der größten Gemischtwarenhandlung der Welt glücklich hinter uns hatten, waren wir wieder daheim, und ich war in diesen beruhigenden aber tief unbefriedigenden Zustand zurückgekehrt, der als »recht bei Sinnen sein« bekannt ist.

Daß die Menschheit als Ganzes je imstande sein wird, ohne künstliche Paradiese auszukommen, ist sehr unwahrscheinlich. Die meisten Menschen führen ein schlimmstenfalls so beschwerliches, bestenfalls so eintöniges, armseliges und beschränktes Leben, daß der Drang, ihm zu entfliehen, die Sehnsucht, wenn auch nur für ein paar Augenblicke aus und über sich selbst hinauszugelangen, eine der vornehmlichsten Begierden der Seele ist und immer gewesen ist. Kunst und Religion, Karnevale und Saturnalien, Tanzen und Rednern zuhören – alle diese haben, um H. G. Wells' Ausdruck zu gebrauchen, als ›Türen in der Mauer‹ gedient. Und für den privaten, für den alltäglichen Gebrauch hat es immer chemische Berauschungsmittel gegeben. Alle die pflanzlichen Sedative und Narkotika, alle die Euphorika, die auf Bäumen wachsen, die Halluzinogene, die in Beeren reifen oder aus Wurzeln gepreßt werden können, – sie alle ohne Ausnahme sind seit undenklichen Zeiten den Menschen bekannt und systematisch von ihnen verwendet worden. Und diesen natürlichen Veränderern des Bewußtseins hat die moderne Wissenschaft ihre Quote von synthetischen Mitteln hinzugefügt – Chloral, zum Beispiel, und Benzedrin, die Bromverbindungen und die Barbiturate.

Die meisten dieser Bewußtseinsmodifikatoren können jetzt nur auf ärztliche Vorschrift genommen werden, oder aber gesetzwidrig und mit beträchtlicher Gefahr. Zu uneingeschränktem Gebrauch hat der Westen nur Alkohol und Tabak erlaubt. Alle andern chemischen Türen in der Mauer tragen das Schild »Rauschgift«, und wer sie unerlaubt benützt, wird als »Süchtiger« gebrandmarkt.

Wir geben heutzutage hübsch viel mehr für Trinken und Rauchen aus als für Unterricht und Erziehung. Das ist natürlich nicht überraschend. Der Drang zur Flucht aus Selbstheit und Umwelt ist in fast jedem Menschen fast jederzeit vorhanden. Der Drang, etwas für die Jugend zu tun, ist nur bei Eltern stark, und auch bei ihnen nur während der wenigen Jahre, während welcher ihre Kinder zur

Schule gehn. Ebensowenig überraschend ist die vorherrschende Einstellung zum Trinken und Rauchen. Ungeachtet des immer mehr anwachsenden Heers hoffnungsloser Alkoholiker, ungeachtet der Hunderttausende, die alljährlich von betrunkenen Kraftwagenlenkern zu Krüppeln gemacht oder getötet werden, reißen Komiker noch immer Witze über den Alkohol und die ihm Verfallenen. Und ungeachtet allen Beweismaterials, das Zigaretten mit Lungenkrebs in Zusammenhang bringt, betrachtet fast jeder Mensch das Tabakrauchen als kaum weniger normal und natürlich denn Essen. Vom Standpunkt des rationalistischen Utilitariers gesehen, mag sich dies wunderlich ausnehmen. Für den Historiker ist es genau das, was man erwarten würde. Eine feste Überzeugung von der materiellen Wirklichkeit der Hölle hat die Christen des Mittelalters nie davon abgehalten, zu tun, was ihnen ihr Ehrgeiz, ihre Lüsternheit oder Begehrlichkeit einflüsterte. Lungenkrebs, Verkehrsunfälle und die Millionen elender und Elend verursachender Alkoholiker sind sogar noch sicherere Tatsachen, als zu Dantes Zeiten das Inferno eine war. Aber alle solche Tatsachen sind etwas Fernes und Ungreifbares, verglichen mit der nahen, empfundenen Tatsache eines Lechzens hier und jetzt nach Befreiung oder Beruhigung, nach einem guten Trunk oder einer guten Zigarre.

Unser Zeitalter ist unter anderm das Zeitalter des Kraftwagens und raketenartig hochschießender Bevölkerungszahlen. Alkohol ist unvereinbar mit Sicherheit auf den Straßen, und seine Erzeugung, zusammen mit dem Tabakbau, verurteilt viele Millionen Hektar des fruchtbarsten Bodens so gut wie zur Unfruchtbarkeit. Die durch Alkohol und Tabak hervorgerufenen Probleme lassen sich, das versteht sich von selbst, nicht durch Verbote lösen. Der allgemeine und immer vorhandene Drang zur Selbstüberschreitung läßt sich nicht durch das Zuschlagen der gegenwärtig beliebtesten Türen in der Mauer beseitigen. Das einzig vernünftige Vorgehn wäre, andre, bessere Türen zu öffnen und zu hoffen, daß die Menschen dadurch zu bewegen sein werden, ihre alten, schlechten Gewohnheiten gegen neue und weniger schädliche zu tauschen. Einige dieser andern, besseren Türen werden sozialer und technischer Art sein, andre religiöser oder psychologischer, andre wieder diätetischer, erzieherischer, sportlicher Art. Aber das Bedürfnis nach häufigen chemischen Ferien von unerträglicher Selbstheit und abstoßender Umgebung wird zweifellos auch dann bleiben. Was benötigt wird, ist eine neue Droge, die unsrer leidenden Spezies Erleichterung und Trost brächte, ohne auf die Dauer mehr zu schaden, als auf kurze Zeit gut zu tun. Eine solche Droge muß schon in kleinsten Dosierungen kräftig wirken und synthetisch herstellbar sein. Wenn sie diese Eigenschaften nicht besitzt, wird ihre Erzeugung wie die von Wein, Bier, Spirituosen und Rauchwaren den Anbau unentbehrlicher Nahrungs- und Faserstoffe behindern. Eine solche Droge muß weniger toxisch sein als Opium und Kokain, weniger geeignet, unerwünschte soziale Folgen hervorzurufen, als Alkohol oder die Barbiturate, weniger schädlich für Herz und Lunge als die Teere und das Nikotin von Zigaretten. Und auf der positiven Seite muß sie interessantere und an sich wertvollere Veränderungen des Bewußtseins hervorrufen als bloße Beruhigung oder Verträumtheit, Einbildung von Allmacht oder Befreiung von Hemmungen.

Für die meisten Menschen ist Meskalin fast völlig unschädlich. Im Gegensatz zu Alkohol treibt es nicht zu der Art von hemmungsloser Betätigung, die zu Raufhändeln, Verbrechen, Gewalttaten und Verkehrsunfällen führt. Ein Mensch, der unter dem Einfluß von Meskalin steht, kümmert sich ruhig um seine eigenen Angelegenheiten. Überdies ist die Angelegenheit, um die er sich am meisten kümmert, ein Erlebnis der erleuchtendsten Art, das nicht (und das ist sicherlich wichtig) mit einem kompensatorischen Katzenjammer bezahlt zu werden braucht. Von den mit regelmäßigem Meskalingenuß verbundenen Folgen auf lange Sicht wissen wir sehr wenig. Indianer, die Peyoteprieme kauen, scheinen durch diese Gewohnheit weder physisch noch moralisch herunterzukommen. Die vorhandenen Beobachtungsergebnisse sind jedoch noch immer spärlich und skizzenhaft.[6]

[6] In seiner in den *Transactions of the American Philosophical Society* (Dezember 1952) veröffentlichten Monographie *Menomini Peyotism* schreibt Professor J. S. Slotkin: ». . . Der gewohnheitsmäßige Genuß von Peyote scheint keine sich steigernde Gewöhnung und keine süchtige Abhängigkeit hervorzurufen. Ich kenne viele, die seit vierzig bis fünfzig Jahren Pepotisten sind. Die Menge von Peyote, die sie zu sich nehmen, hängt von der Feierlichkeit des Anlasses ab; im allgemeinen nehmen sie heute nicht mehr Peyote als vor Jahren. Auch liegt manchmal eine Pause von einem Monat oder mehr zwischen den Ritualen, und während dieses Zeitraums enthalten sie sich des Peyote, ohne eine Sucht danach zu ver-

Meskalin ist zweifellos dem Kokain, dem Opium, dem Alkohol und dem Tabak überlegen, aber noch nicht das ideale Präparat. Neben der eine beglückende Verklärung erlebenden Mehrzahl der Meskalinisten gibt es eine Minderzahl, die im Genuß von Meskalin nur die Hölle oder das Fegefeuer findet. Überdies dauern für ein Rauschmittel, das wie Alkohol dem allgemeinen Genuß dienen soll, seine Wirkungen eine unbequem lange Zeit. Aber Chemie und Physiologie sind heutzutage so gut wie zu allem imstande. Man kann sich darauf verlassen, daß, sobald die Psychologen und Soziologen das Ideal eines solchen Präparats genau definieren, die Neurologen und Pharmakologen entdecken werden, wie dieses Ideal verwirklicht oder ihm mindestens (denn vielleicht läßt sich diese Art von Ideal schon der Natur der Sache wegen nie voll verwirklichen) näher gekommen werden kann als in der weinzechenden Vergangenheit und der whiskytrinkenden, marihuanarauchenden und barbiturateschluckenden Gegenwart.

Der Drang, die Grenzen ichbewußter Selbstheit zu überschreiten, ist, wie ich sagte, ein Hauptverlangen der Seele. Wenn es aus irgendeinem Grund Menschen nicht gelingt, durch Andacht, gute Werke und geistliche Übungen über sich selbst hinauszugelangen, sind sie bereit und geneigt, auf die chemischen Surrogate für Religion zu verfallen – Alkohol und Morphium und »Schnee« im heutigen Westen, Alkohol und Opium im Osten, Haschisch in der mohammedanischen Welt, Alkohol und Marihuana in Mittelamerika, Alkohol und Coca in den Anden, Alkohol und die Barbiturate

spüren. Ich persönlich habe nicht einmal nach einer Reihe von Ritualen, die an vier aufeinander folgenden Wochenenden stattfanden, die Dosis vergrößert und auch kein fortdauerndes Bedürfnis nach Peyote empfunden.« Offenbar nicht ohne gute Gründe wurde »Peyote niemals gesetzlich für ein Narkotikum erklärt oder sein Genuß von der amerikanischen Bundesregierung verboten«. Dennoch »versuchten während der langen Geschichte des Kontakts zwischen Indianern und Weißen die weißen Beamten gewöhnlich, den Genuß von Peyote zu unterdrücken, weil sie sich einbildeten, daß er ihr eigenes Sittlichkeitsgefühl verletzte. Aber diese Versuche schlugen stets fehl.« In einer Fußnote fügt Dr. Slotkin hinzu: ». . . Es ist erstaunlich, was für phantastische Geschichten über die Wirkungen des Peyote und die Art des Rituals von den weißen und den katholisch-indianischen Beamten der Menomini-Reservation verbreitet werden. Keiner von ihnen hat die geringste unmittelbare Erfahrung mit der Pflanze oder mit dieser Religion gehabt, und doch bilden sich einige von ihnen ein, Autoritäten auf diesem Gebiet zu sein, und schreiben amtliche Berichte darüber.«

in den mehr mit der Zeit gehenden Gebieten Südamerikas. In *Poisons Sacrés, Ivresses Divines* hat Philippe de Félice ausführlich und reich belegt über den seit undenklichen Zeiten bestehenden Zusammenhang zwischen Religion und dem Genuß von Rauschmitteln geschrieben. Hier, teils zusammengefaßt, teils wörtlich angeführt, seine Schlußfolgerungen: Die Verwendung toxischer Substanzen für religiöse Zwecke ist »außerordentlich weit verbreitet ... Die in diesem Buch behandelten Bräuche lassen sich in jedem Gebiet der Erde beobachten, bei den Primitiven ebenso wie bei hochzivilisierten Völkern. Wir befassen uns hier also nicht mit außerordentlichen Tatsachen, die man berechtigterweise unbeachtet lassen könnte, sondern mit einem allgemeinen und im weitesten Sinn des Wortes menschlichen Phänomen, der Art von Phänomen, die niemand unbeachtet lassen kann, der zu entdecken versucht, was Religion ist und welches die tief empfundenen Bedürfnisse sind, die sie befriedigen muß.«

Das Ideal wäre, daß jeder Mensch in irgendeiner Form reiner oder angewandter Religion Selbsttranszendenz zu finden vermöchte. Es ist sehr unwahrscheinlich, daß in der Praxis dieses erhoffte Ergebnis je verwirklicht werden wird. Es gibt getreue Angehörige einer jeden Kirche, und wird sie immer geben, denen Frömmigkeit leider nicht genügt. G. K. Chesterton, der ebenso lyrisch über das Trinken wie über das Beten zu schreiben wußte, kann als ihr beredsamer Sprecher dienen.

Die heutigen Kirchen, mit Ausnahme einiger protestantischer Sekten, dulden den Alkohol; aber auch die tolerantesten haben keinen Versuch unternommen, dieses Rauschmittel zu christianisieren oder seinen Genuß zu einem Sakrament zu machen. Der fromme Trinker ist gezwungen, seine Religion in dem einen Abteil und seinen Religionsersatz in einem andern zu sich zu nehmen. Und vielleicht ist das unvermeidlich. Das Trinken von Alkohol kann nicht zu einem Sakrament gemacht werden, außer in Religionen, die keinen Wert auf Dekorum legen. Die Verehrung des Dionysos oder des keltischen Biergottes war eine lärmende und zügellose Angelegenheit. Die Riten des Christentums sind nicht einmal mit gottesdienstlicher Betrunkenheit vereinbar. Das tut den Spirituosenfabrikanten keinen Abbruch, ist aber sehr schlecht fürs Christentum.

Zahllose Menschen sehnen sich nach Selbsttranszendenz und wären froh, sie in der Kirche zu finden. Aber – »die hungrigen Schafe blicken auf und erhalten kein Futter«. Sie nehmen Teil an Ritualen, sie lauschen Predigten, sie sprechen Gebete nach; doch ihr Durst bleibt ungestillt. Enttäuscht wenden sie sich der Flasche zu. Wenigstens für einige Zeit und auf eine gewisse Weise hilft die. Es wird noch immer in die Kirche gegangen; aber sie bedeutet jetzt nicht mehr, als die musikalischen Banken in Samuel Butlers *Erewhon*[7] Gott wird vielleicht noch immer anerkannt; aber er ist nur noch im Bereich der Wörter Gott, nur in einem streng pickwickischen Sinn. Der wirkliche und wirksame Gegenstand der Anbetung ist die Flasche, und das einzige religiöse Erlebnis ist dieser Zustand ungehemmter und rauflustiger Euphorie, der auf die Einverleibung des dritten Cocktails oder Schnapses folgt.

Es zeigt sich also, daß Christentum und Alkohol sich nicht mischen und nicht mischen können. Christentum und Meskalin scheinen sich viel besser miteinander zu vertragen. Das wird durch viele Indianerstämme bewiesen, von Texas bis so weit nördlich wie Wisconsin. Unter diesen Stämmen finden sich Gruppen, die der *Native American Church* angeschlossen sind, einer Sekte, deren Hauptritus eine Art frühchristlicher Agape oder Liebesmahls ist, wobei Schnitten von Peyote die Stelle des sakramentlichen Brots und Weins einnehmen. Diese Angehörigen der »Amerikanischen Eingeborenenkirche« halten den Kaktus für Gottes besonderes Geschenk an die Indianer und setzen seine Wirkungen dem Wirken des göttlichen Geistes gleich.

Professor J. S. Slotkin – einer der wenigen Weißen, die je den Riten einer Peyotistengemeinde beiwohnten, – sagt von den an einem solchen Gottesdienst Teilnehmenden, daß sie »gewiß nicht benommen oder betrunken sind ... Sie geraten nie aus dem Rhythmus oder verwirren ihre Worte, wie ein Benommener oder Betrunkener das täte ... Sie verhalten sich alle ruhig und gesittet und sind rücksichtsvoll zueinander. Ich war nie an einer Andachtsstätte der Weißen, wo so viel religiöses Gefühl und ein so würdiger Anstand herrschten.« Und was, so dürfen wir wohl fragen, erleben diese an-

[7] *Jenseits der Berge oder Seltsame Reise ins Land Aipotu*, übs. von H. E. Herlitschka, Phaidon-Verlag, Wien. A.d.Ü.

dächtigen und sich so gesittet aufführenden Peyotisten? Nicht das gelinde Gefühl von Tugendhaftigkeit, das den durchschnittlichen sonntäglichen Kirchgänger während anderthalb Stunden der Langeweile aufrechthält; auch nicht jene erhabenen, durch Gedanken an den Schöpfer, den Erlöser, den Richter und Tröster inspirierten Gefühle, von denen die gläubig Frommen beseelt werden. Für die *Native Americans* ist religiöses Erleben etwas viel Unmittelbareres und Erleuchtenderes, mehr etwas Spontanes und weniger das hausgemachte Erzeugnis des oberflächigen, seiner selbst bewußten Geistes. Manchmal haben sie (den von Prof. Slotkin gesammelten Berichten nach) Visionen, und diese können Visionen von Christus selbst sein; manchmal hören sie die Stimme des Großen Geistes; manchmal werden sie sich der Gegenwart Gottes und ihrer eigenen, persönlichen Fehler bewußt, die berichtigt werden müssen, wenn sie Gottes Willen tun sollen. Die praktischen Folgen solchen chemischen Öffnens von Türen in die »andere Welt« scheinen durchaus gute zu sein. Prof. Slotkin berichtet, daß gewohnheitsmäßige Peyotisten im großen ganzen arbeitsamer, mäßiger (manche von ihnen enthalten sich des Alkohols völlig) und friedfertiger sind als Nichtpeyotisten. Ein Baum mit so zufriedenstellenden Früchten kann nicht glattweg als schlecht verurteilt werden.

Indem die Indianer der *Native American Church* den Genuß des Peyote zu einem Sakrament machten, taten sie etwas, das zugleich psychologisch wohlbegründet und historisch gerechtfertigt ist. In den ersten Jahrhunderten des Christentums wurden viele heidnische Riten und Feste sozusagen getauft und den Zwecken der Kirche dienstbar gemacht. Diese Lustbarkeiten waren nicht besonders erbaulich; aber sie stillten einen gewissen seelischen Hunger, und statt sie zu unterdrücken, waren die frühen Missionare verständig genug, sie als das zu nehmen, was sie waren: seelenbefriedigender Ausdruck fundamentaler Triebe, und sie in die neue Religion zu verweben. Die *Native Americans* haben etwas wesentlich Gleiches getan. Sie nahmen einen heidnischen Brauch (nebenbei, einen viel erhebenderen und erleuchtenderen als die aus dem europäischen Heidentum übernommenen ziemlich rohen Gelage und Mummenschänze) und gaben ihm eine christliche Bedeutung.

Obgleich erst in jüngster Zeit in die nördlichen der Vereinigten

Staaten eingeführt, sind der Genuß von Peyote und die darauf gegründete Religion zu wichtigen Symbolen für das Recht der Rothäute auf spirituale Unabhängigkeit geworden. Manche Indianer reagierten auf die Vorherrschaft der Weißen damit, daß sie sich amerikanisierten, andre, indem sie sich in traditionelles Indianertum zurückzogen. Einige aber haben versucht, sich das Beste aus beiden, ja aus allen Welten zu nehmen und es zu vereinen – das Beste des Indianertums, das Beste des Christentums und das Beste jener Welten transzendenten Erlebens, wo die Seele sich als unbedingt und von gleichem Wesen mit dem Göttlichen erkennt. Daher die *Native American Church*. In ihr wurden zwei mächtige Verlangen der Seele – der Drang nach Unabhängigkeit und Selbstbestimmung und der Drang nach Selbstüberschreitung – mit einem dritten verschmolzen und in dessen Licht ausgedeutet – mit dem Drang nach Anbetung, nach Rechtfertigung der Wege Gottes vor den Menschen, nach Erklärung des Weltalls mittels einer zusammenhängenden Theologie.

Sieh den armen Indianer, dessen unbelehrter Geist
Ihn wohl vorn bekleidet, aber hinten nackend läßt zumeist.

Tatsächlich jedoch sind es wir, die reichen und hochgebildeten Weißen, die sich hinten nackt gelassen haben. Wir bedecken unsre vordere Blöße mit irgendeiner Philosophie – einer christlichen oder marxistischen oder freudisch-physikalistischen – aber achtern bleiben wir unbedeckt und allen »Winden der Umstände« ausgesetzt. Der arme Indianer hingegen hatte genug Verstand, sich dort zu schützen, indem er das Feigenblatt der Theologie durch den Hinterschurz transzendentalen Erlebens ergänzte. Ich bin nicht so töricht, das, was unter dem Einfluß von Meskalin oder irgendeinem andern schon hergestellten oder in Zukunft herstellbaren Präparat geschieht, der Verwirklichung des Ziels und Endzwecks menschlichen Lebens gleichzusetzen: der Erleuchtung und Seligen Schau. Ich sage nicht mehr, als daß das Meskalinerlebnis etwas ist, das katholische Theologen »eine unverdiente Gnade« nennen: nicht zum Seelenheil nötig, aber potentiell hilfreich und, wenn zugänglich gemacht, dankbar anzunehmen. Aus dem Geleise gewöhnlicher Wahrnehmung geworfen zu werden, während einiger zeitloser Stunden die äußere und die innere Welt nicht so zu sehen zu bekommen, wie sie einem vom Trieb zum Überleben besessenen Tier oder einem von Wörtern und Begriffen besessenen Menschen erscheinen, sondern wie sie, unmittelbar und unbedingt, vom Geist als Ganzem aufgefaßt werden können, – das ist ein Erlebnis von unschätzbarem Wert für jeden Menschen, und besonders für den Intellektuellen. Denn der Intellektuelle ist der Definition nach der Mensch, für den, wie Goethe schrieb, das Wort »eigentlich fruchtbringend« ist. Er ist der Mensch, der fühlt, daß, »was wir durchs Auge auffassen, an und für sich fremd und keineswegs so tiefwirkend vor uns steht«. Und doch blieb Goethe, obgleich selber ein Intellektueller und einer der größten Meister der Sprache, nicht immer bei dieser seiner eigenen Einschätzung des Wortes. »Wir sprechen«, sagte er um die Mitte seines Lebens, »überhaupt viel zuviel. Wir sollten weniger sprechen und mehr zeichnen. Ich meinerseits möchte mir das Reden ganz abgewöhnen und wie die bildende Natur in lauter Zeichnungen fortsprechen. Jener Feigenbaum, diese kleine Schlange, der Kokon, der dort vor dem Fenster liegt und seine Zukunft ruhig erwartet, alles das sind inhaltschwere Signaturen; ja, wer nur ihre Bedeutung recht zu entziffern vermöchte, der würde alles Geschriebenen und alles Gesprochenen bald zu entbehren imstande sein! Je mehr ich darüber nachdenke, es ist etwas so Unnützes, so Müßiges, ich möchte fast sagen Geckenhaftes im Reden, daß man vor dem stillen Ernste der Natur und ihrem Schweigen erschrickt, sobald man sich ihr vor einer einsamen Felsenwand oder in der Einöde eines alten Berges gesammelt entgegenstellt!« Wir können nie ohne Sprache und die andern Systeme von Symbolen auskommen; denn grade mittels ihrer, und nur mittels ihrer, haben wir uns über die Tiere auf die Stufe menschlicher Wesen erhoben. Aber wir können leicht ebenso die Opfer wie die Nutznießer dieser Systeme werden. Wir müssen lernen, Wörter wirksam zu gebrauchen; dabei aber müssen wir unsre Fähigkeit bewahren und womöglich verstärken, die Welt unmittelbar und nicht durch das nur halb durchsichtige Medium von Begriffen anzuschauen, das jede gegebene Tatsache zu einer nur allzu vertrauten Ähnlichkeit mit irgendeinem klassifizierenden Etikett oder einer erklärenden Abstraktion verzerrt.

Unsre ganze Bildung, sei sie geistes- oder naturwissenschaftlich, allgemein oder spezialisiert, ist vorwiegend verbalistisch und verfehlt daher den Zweck, den sie erreichen soll. Statt Kinder in voll entwickelte Erwachsene zu verwandeln, erzeugt sie Studierende der Naturwissenschaften, die keine Ahnung von der Natur als der Grundtatsache aller Erfahrung haben, sie läßt auf die Welt Studenten der humanistischen Fächer los, die nichts von Humanität, vom Menschsein, weder ihrem eigenen noch sonst jemandes, wissen.

Gestaltpsychologen wie Samuel Renshaw haben Methoden ausgearbeitet, um die Skala menschlicher Wahrnehmung zu erweitern und die Schärfe dieser zu steigern. Aber wenden unsre Erzieher sie an? Die Antwort ist nein.

Lehrer auf jedem Gebiet psycho-physischer Geschicklichkeit, vom Sehen bis zum Tennisspielen, vom Seiltanzen bis zum Beten, haben durch Versuch und Irrtum und neuen Versuch die Bedingungen für ein optimales Funktionieren innerhalb ihres besondern Gebiets entdeckt. Aber finanzierte irgendeine der großen Stiftungen ein Projekt für die Koordinierung dieser empirisch gefundenen Ergebnisse zu einer allgemeinen Theorie und Praxis gesteigerten Schöpferischseins? Abermals ist, soviel ich weiß, die Antwort ein Nein.

Alle möglichen Kultler und sonderbaren Käuze lehren alle möglichen Verfahren zur Erlangung von Gesundheit, Zufriedenheit und Seelenfrieden; und bei vielen ihrer Schüler sind viele dieser Methoden beweisbar wirksam. Aber sehen wir etwa, daß achtbare Psychologen, Philosophen und Geistliche mutig in diese sonderbaren und manchmal übelriechenden Brunnen hinabsteigen, auf deren Grund zu sitzen, die arme Wahrheit so oft verurteilt ist? Abermals nein.

Und nun betrachte man die Geschichte der Meskalinforschung! Vor siebzig Jahren beschrieben Männer von hervorragender Fähigkeit die transzendenten Erlebnisse, die denjenigen zuteil werden, die bei guter Gesundheit, unter den geeigneten Bedingungen und im richtigen Geist diese Droge nehmen. Wieviele Philosophen, wieviele Theologen, wieviele berufsmäßige Erzieher und Jugendbildner besaßen den Wissensdrang, diese Tür in der Mauer zu öffnen? Die Antwort lautet, praktisch gesprochen: kein einziger.

In einer Welt, in der Erziehung und Unterricht vorwiegend verbalistisch sind, finden es hochgebildete Menschen fast ganz unmöglich, irgend etwas anderm als Wörtern und Begriffen ernste Aufmerksamkeit zu widmen. Es ist stets Geld vorhanden, es gibt stets Doktordiplome für den wissenschaftlichen Narrenspossen des Forschens nach dem, was für Gelehrte das allerwichtigste Problem ist: Wer beeinflußte wen, was wann zu sagen? Sogar in diesem Zeitalter der Technik werden die verbalen humanistischen Fächer geehrt. Die nichtverbalen Humaniora, die Künste des unmittelbaren Gewahrseins der gegebenen Tatsachen unsrer Existenz, bleiben fast völlig unbeachtet. Ein Katalog, eine Bibliographie, eine endgültige Ausgabe der *ipsissima verba* eines drittrangigen Verseschmieds, ein kolossaler Index, um alle Indexe überflüssig zu machen, – jedes echt alexandrinische Projekt findet gewiße Zustimmung und geldliche Unterstützung. Wenn es sich aber darum handelt, zu erforschen, wie du und ich und unsre Kinder und Enkel vielleicht ein schärferes Wahrnehmungsvermögen bekommen, der inneren und äußeren Wirklichkeit stärker bewußt, dem göttlichen Geist gegenüber aufgeschlossener werden könnten, weniger bereit, uns durch psychische Mißbräuche physisch krank zu machen, dafür aber fähiger, unser autonomes Nervensystem zu beherrschen, – wenn es um irgendeine Form von nichtverbaler Ausbildung geht, eine grundlegendere (und wahrscheinlich praktisch irgenwie nützlichere) als schwedisches Turnen, dann tut kein wirklich achtbarer Mensch an einer achtbaren Universität oder Kirche auch nur das geringste dafür. Den Verbalisten sind die Nichtverbalisten verdächtig; Rationalisten fürchten die gegebene, nichtrationale Tatsache; Intellektuelle haben das Gefühl, daß, »was wir durchs Auge auffassen (oder auf irgendeine andre Weise), an und für sich fremd und keineswegs so tiefwirkend vor uns steht«. Überdies paßt diese Idee einer Ausbildung in nichtverbalen humanistischen Disziplinen in keines der vorhandenen Sortierfächer. Es handelt sich da nicht um Religion, Nervenheilkunde, Gymnastik, Sittenlehre oder Bürgerkunde, nicht einmal um experimentelle Psychologie. Daher ist der Gegenstand für akademische und kirchliche Zwecke einfach nicht vorhanden und darf ruhig völlig unbeachtet bleiben oder mit einem gönnerhaften Lächeln denen überlassen werden, die von den Pharisäern einer verbalistischen Rechtgläubigkeit Verschrobene, Quacksalber, Scharlatane, Leute mit fixen Ideen und unbefugte Laien genannt werden.

»Ich habe immer gefunden«, so schrieb Blake fast erbittert, »daß

Engel die Eitelkeit besitzen, von sich selbst als den einzigen Weisen zu sprechen. Das tun sie mit der zuversichtlichen Unverschämtheit, die systematischem vernunftgemäßem Denken entspringt.«

Systematisches vernunftgemäßes Denken ist etwas, ohne das wir als Spezies oder Individuen unmöglich auskommen könnten. Aber wenn wir geistig gesund bleiben wollen, können wir auch unmöglich ohne unmittelbare Wahrnehmung – je unsystematischer desto besser – der inneren und der äußeren Welt, in die wir geboren wurden, auskommen. Diese gegebene Wirklichkeit ist ein Unendliches, das höher ist denn alle Vernunft, und läßt sich doch unmittelbar und auf gewisse Weise in ihrer Gesamtheit einsehen. Sie ist etwas Transzendentes, das einer andern als der menschlichen Ordnung angehört. Und doch kann sie uns gegenwärtig sein als eine empfundene Immanenz, ein erlebtes Teilhaben. Erleuchtet zu sein heißt, der gesamten Wirklichkeit als eines immanenten Andersseins gewahr zu sein – ihrer immer gewahr zu sein und doch in dem Zustand zu verbleiben, sich als Lebewesen am Leben zu erhalten, als Mensch zu denken und zu fühlen und, wann immer es ratsam ist, systematische Vernunft anzuwenden. Unser Ziel ist es, zu entdecken, daß wir schon immer dort waren, wo wir sein sollen. Leider machen wir uns diese Aufgabe äußerst schwer. Mittlerweile jedoch gibt es unverdiente Gnaden in Gestalt teilweiser und flüchtiger Verwirklichungen. Unter einem realistischeren, einem weniger ausschließlich verbalistischen Bildungs- und Erziehungssystem als dem unsern wäre es jedem Engel (im Blakeschen Sinn dieses Wortes) als eine Sonntagsvergünstigung erlaubt, ja er würde sogar dazu gedrängt und wenn nötig gezwungen werden, durch eine chemische Tür in der Mauer einen gelegentlichen Ausflug in die Welt transzendentalen Erlebens zu unternehmen. Würde die ihn schrecken, wäre das bedauerlich, aber wahrscheinlich heilsam; und brächte sie ihm eine kurze, aber zeitlose Erleuchtung – nun, desto besser. In jedem der beiden Fälle würde der Engel vielleicht ein wenig von seiner zuversichtlichen Unverschämtheit verlieren, welche systematischem Vernunftdenken und dem Bewußtsein, die Wahrheit mit Löffeln gegessen zu haben, entspringt.

Als Thomas von Aquino dem Ende seines Lebens nahe war, erlebte er »eingegossene Kontemplation«. Danach weigerte er sich, zu seinem unvollendeten Buch zurückzukehren und daran zu arbeiten. Mit jener verglichen, war alles, was er gelesen oder worüber er disputiert, alles, was er geschrieben hatte – Aristoteles und die Sentenzen, die Quaestiones, die Propositionen und die majestätischen Summae – nichts Besseres als Spreu oder Stroh. Für die meisten Intellektuellen wäre ein solcher Sitzstreik nicht ratsam, ja sogar moralisch unrecht. Der Doctor Angelicus aber hatte mehr systematisches vernunftgemäßes Denken vollbracht als irgendein Dutzend gewöhnlicher Engel und war schon reif für den Tod. Er hatte sich in diesen letzten Monaten seiner Lebensdauer das Recht verdient, sich vom bloßen symbolischen Stroh ab- und dem Brot wirklicher und substanzieller Tatsachen zuzuwenden. Für Engel einer niedereren Ordnung und mit größeren Aussichten auf Langlebigkeit muß es eine Rückkehr zu dem Stroh geben. Aber wer durch die Tür in der Mauer zurückkommt, wird nie wieder ganz derselbe Mensch sein, der durch sie hinausging. Er wird weiser sein, aber weniger selbstsicher, glücklicher, aber weniger selbstzufrieden, demütiger im Zugeben seiner Unwissenheit und doch besser ausgerüstet, die Beziehung zwischen Wörtern und Dingen, zwischen systematischem vernunftgemäßem Denken und dem unergründlichen Geheimnis zu verstehn, das er mit jenem immerzu vergeblich zu begreifen sucht.

Himmel und Hölle

In der Geschichte der Naturwissenschaften kam der Spezimensammler vor dem Zoologen und folgte auf die Theologen der Naturreligion und Magie. Er hatte aufgehört, Tiere im Geist der Bestiarienverfasser zu studieren, für welche die Ameise der verkörperte Fleiß, der Panther, überraschenderweise, ein Emblem Christi, die Wildkatze ein skandalöses Beispiel hemmungsloser Laszivität war. Aber er war, außer ansatzweise, noch kein Physiolog, Ökolog oder Erforscher tierischer Verhaltensweisen. Sein oberstes Bestreben war, eine Bestandsaufnahme zu machen und so viele Arten von Tieren er nur erwischen konnte zu fangen, zu töten, auszustopfen und zu beschreiben.

Wie der Erdball vor hundert Jahren, so hat unsre Psyche noch immer ihre dunkelsten Afrika, ihre noch nicht kartographierten Borneo und Amazonasbecken. Hinsichtlich der Fauna dieser Gebiete sind wir noch nicht Zoologen, wir sind bloß Naturforscher und Naturaliensammler. Das ist eine bedauerliche Tatsache; aber wir müssen sie hinnehmen, wir müssen das Bestmögliche aus ihr machen. Eine so niedere Arbeit die des Sammlers auch sein mag, sie muß getan werden, bevor wir zu den höheren wissenschaftlichen Aufgaben des Klassifizierens, Analysierens, Experimentierens und Theoretisierens fortschreiten können.

Gleich der Giraffe und dem Schnabeltier sind die Wesen, die die fernen Zonen der Psyche bewohnen, äußerst unwahrscheinlich. Dennoch gibt es sie, sie sind Beobachtungstatsachen; und als solche können sie von niemand unbeachtet gelassen werden, der ehrlich versucht, die Welt, in der wir leben, zu verstehn.

Es ist schwierig, es ist fast unmöglich, von psychischen Vorgängen anders als in Gleichnissen zu sprechen, welche der vertrauteren Welt stofflicher Dinge entnommen sind. Wenn ich von geographischen und zoologischen Metaphern Gebrauch gemacht habe, dann nicht mutwillig, aus bloßem Hang zu pittoresker Ausdrucksweise, sondern weil solche Metaphern sehr zwingend das wesentliche Anderssein der fernen Kontinente der Geistseele, die völlige Selbstherrlichkeit und Selbstgenügsamkeit ihrer Bewohner ausdrücken. Ein Mensch besteht aus dem, was ich die Alte Welt persönlichen Bewußtseins nennen möchte, und, jenseits eines trennenden Ozeans, aus einer Reihe von Neuen Welten – den nicht gar so »fernen Virginia und Karolina« des persönlichen Unterbewußtseins und der vegetativen Seele; dem Fernen Westen des kollektiven Unbewußten mit seiner Flora von Symbolen, seinen Stämmen eingeborener Archetypen; und jenseits eines zweiten, gewaltigeren Weltmeers, bei den Antipoden des Alltagsbewußtseins, der Welt visionären Erlebens.

Geht man nach Neu-Süd-Wales, sieht man Beuteltiere in der Landschaft umherhüpfen. Und geht man zu den Antipoden der ihrer selbst bewußten Psyche, stößt man auf allerlei Arten von mindestens ebenso wunderlichen Geschöpfen, wie die Känguruhs sind. Man erfindet jene Geschöpfe ebensowenig, wie man diese Marsupialier erfindet. Sie leben ihr eigenes Leben in völliger Unabhängigkeit. Der Mensch kann sie nicht beherrschen. Er kann nicht mehr tun, als sich in das psychische Äquivalent Australiens zu begeben und sich dort umzusehen.

Manche Menschen entdecken nie bewußt ihr Antipoden. Andern gelingt eine gelegentliche Landung. Noch andern (aber ihrer sind wenige) fällt es nicht schwer, dort ein und aus zu gehn. Für den Naturforscher der Seele, den Sammler psychologischer Spezimen besteht die erste Notwendigkeit darin, eine sichere, leichte und verläßliche Methode zu finden, sich und andre aus der Alten in die Neue Welt zu versetzen, vom Kontinent vertrauter Kühe und Pferde auf den Kontinent der Känguruhs und Schnabeltiere.

Es gibt zwei solche Methoden. Keine von ihnen ist vollkommen; aber beide sind hinreichend verläßlich, leicht und gefahrlos, um ihre Anwendung seitens derjenigen zu rechtfertigen, die wissen, was sie tun. Bei der ersten wird die Seele an ihr fernes Reiseziel mittels einer chemischen Substanz versetzt – durch Meskalin oder durch Lysergsäure. Bei der zweiten ist das Beförderungsmittel psychologischer Art, und die Überfahrt zu den Antipoden der Psyche vollzieht sich mittels Hypnose. Die zwei Vehikel tragen das Bewußtsein in dasselbe Gebiet; aber das chemische bringt seine Fahrgäste tiefer ins Innere der *terra incognita*.[1]

Wie und warum ruft Hypnose die bei ihr beobachteten Wirkungen hervor? Wir wissen es nicht. Für unsre gegenwärtigen Zwecke

[1] Siehe Anhang I.

brauchen wir es auch nicht zu wissen. Wir brauchen in diesem Zusammenhang nur zu verzeichnen, daß einige Hypnotisierte im Trancezustand in eine Region der psychischen Antipoden versetzt werden, wo sie die Äquivalente von Marsupialiern vorfinden – seltsame psychische Geschöpfe, welche entsprechend dem Gesetz ihres eigenen Wesens ein selbständiges Dasein führen.

Über die physiologischen Wirkungen des Meskalins wissen wir ein weniges. Wahrscheinlich (wir sind dessen noch nicht sicher) greift es in das die Gehirntätigkeit regelnde Enzymsystem ein. Dadurch mindert es die Wirksamkeit des Gehirns als eines Behelfs zur Konzentrierung des Geistes auf die Probleme des Lebens auf der Oberfläche unseres Planeten. Diese Verringerung dessen, was man die biologische Leistungsfähigkeit des Gehirns nennen kann, scheint den Eintritt gewisser Klassen von seelischen Vorgängen ins Bewußtsein zu gestatten, welche normalerweise ausgeschlossen bleiben, weil sie keinen Wert fürs Überleben besitzen. Zu einem ähnlichen Eindringen biologisch wertlosen, aber ästhetisch und manchmal auch spirituell wertvollen Materials kann es als Folge von Krankheit oder Ermüdung kommen; oder es läßt sich durch Fasten oder zeitweiliges Eingeschlossensein in Dunkelheit und völlige Stille herbeiführen.[2]

Ein unter dem Einfluß von Meskalin oder Lysergsäure Stehender hört auf, Visionen zu haben, wenn ihm eine große Dosis Nikotinsäure verabreicht wird. Dies hilft die Wirksamkeit des Fastens als eines Mittels zu visionärem Erleben erklären. Indem das Fasten die Menge verfügbaren Zuckers verringert, setzt es die biologische Leistungsfähigkeit des Gehirns herab und ermöglicht so das Eindringen von Material, das keinen Überlebenswert besitzt, ins Bewußtsein. Überdies entfernt es, indem es einen Vitaminmangel verursacht, die bekanntlich die visionäre Erlebnisfähigkeit hemmende Nikotinsäure aus dem Blut. Ein andrer Hemmschuh visionären Erlebens ist die gewöhnliche perzeptorische Alltagserfahrung. Experimentalpsychologen haben gefunden, daß ein Mensch, wenn man ihn in eine »beschränkte Umwelt« einschließt, wo es kein Licht, keine Geräusche und keine Gerüche gibt, oder wenn man ihn in ein lauwarmes Bad setzt, so daß er nur mit einem einzigen, fast nicht

[2] Siehe Anhang II.

wahrnehmbaren Ding in Berührung kommen kann, sehr bald beginnt, »allerlei zu sehen«, »allerlei zu hören« und seltsame körperliche Empfindungen zu haben.

Milarepa in seiner Höhle im Himalaja und die Säulenheiligen der Thebaïs wandten ein wesentlich gleiches Verfahren an und erzielten wesentlich gleiche Ergebnisse. Unzählige Bilder der Versuchung des heiligen Antonius bezeugen die Wirksamkeit einer beschränkten Diät und einer beschränkten Umwelt. Askese, das ist offenkundig, hat zweierlei Beweggründe. Wenn Menschen ihren Körper peinigen, geschieht das nicht nur, weil sie hoffen, auf diese Weise vergangene Sünden zu sühnen und künftiger Bestrafung zu entgehn, sondern auch, weil sie sich danach sehnen, die Antipoden der Psyche aufzusuchen und dort einige visionäre Sehenswürdigkeiten zu besichtigen. Erfahrungsmäßig und aus den Berichten andrer Asketen wissen sie, daß Fasten und eine beschränkte Umwelt sie dahin entrücken werden, wohin sie sich sehnen. Ihre Selbstbestrafung ist vielleicht die Pforte zum Paradies. (Sie mag auch – und dies soll später noch erörtert werden – ein Tor zu den Regionen der Hölle sein.)

Aus dem Blickpunkt eines Bewohners der Alten Welt betrachtet, sind Beuteltiere etwas äußerst Wunderliches. Aber Wunderlichkeit ist nicht dasselbe wie Zufälligkeit. Känguruhs und Schnabeltiere mögen der Wahrscheinlichkeit ermangeln; aber ihre Unwahrscheinlichkeit wiederholt sich und gehorcht erkennbaren Gesetzen. Dasselbe gilt von den Geschöpfen, die in den entfernteren Gebieten unsrer Psyche wohnen. Die unter dem Einfluß von Meskalin oder tiefer Hypnose sich einstellenden Erlebnisse sind sicherlich seltsam; aber sie sind seltsam mit einer gewissen Regelmäßigkeit – seltsam gemäß einer bestimmten Schablone.

Welches sind die gemeinsamen Züge, die diese Schablone unsern visionären Erlebnissen aufprägt? An erster und wichtigster Stelle steht da das Erlebnis des Lichts. Alles, was von den die Antipoden der Psyche Aufsuchenden gesehen wird, ist aufs hellste erleuchtet und scheint von innen her zu erstrahlen. Alle Farben sind weit über die im Normalzustand gesehenen hinaus verstärkt, und gleichzeitig ist die Fähigkeit, zu erkennen, merklich erhöht.

In dieser Hinsicht besteht ein auffallender Unterschied zwischen solchen visionären Erlebnissen und gewöhnlichen Träumen. Die meisten Träume sind farblos oder nur teilweise oder schwach gefärbt. Andrerseits sind die unter dem Einfluß von Meskalin oder Hypnose sich einstellenden Visionen immer von intensiver und, man könnte sagen, übernatürlich leuchtender Färbung. Wie Professor Calvin Hall, der Aufzeichnungen über viele Tausende Träume gesammelt hat, uns sagt, sind etwa zwei Drittel aller Träume schwarzweiß. »Nur ein Traum unter dreien ist farbig oder hat ein wenig Farbe.« Einige wenige Menschen träumen ganz in Farben; andre sehen niemals Farben in ihren Träumen; die Mehrzahl träumt manchmal in Farben, öfter aber in Schwarzweiß.

»Wir sind zu der Schlußfolgerung gekommen«, schreibt Professor Hall, »daß Farbe in Träumen nichts über die Persönlichkeit des Träumenden aussagt.« Ich stimme dieser Schlußfolgerung bei. Farben in Träumen und Visionen sagen uns ebensowenig über die Persönlichkeit dessen, der sie sieht, wie Farben in der Außenwelt. Ein Garten im Juli wird als leuchtend bunt wahrgenommen. Diese Wahrnehmung sagt uns etwas über Sonnenschein, Blumen und Schmetterlinge, aber wenig oder nichts über uns selbst. Ebenso sagt uns die Tatsache, daß wir leuchtende Farben in unsern Visionen und in einigen unsrer Träume sehen, etwas über die Fauna bei den Antipoden der Psyche, aber ganz und gar nichts über die Persönlichkeit, die das, was ich die Alte Welt der Psyche genannt habe, bewohnt.

Die meisten Träume drehen sich um die geheimen Wünsche und instinktiven Triebe des Träumenden und die Konflikte, die entstehn, wenn diesen Wünschen und Trieben durch ein mißbilligendes Gewissen oder die Furcht vor der öffentlichen Meinung die Erfüllung versagt wird. Die Geschichte dieser Triebe und Konflikte wird in dramatischen Symbolen erzählt, und in den meisten Träumen sind die Symbole ungefärbt. Warum ist das so? Weil, nehme ich an, Symbole, um wirksam zu sein, keiner Färbung bedürfen. Die Buchstaben, mit denen wir über Rosen schreiben, brauchen nicht rot zu sein, und wir können einen Regenbogen mit Schriftzügen in schwarzer Tinte auf weißem Papier beschreiben. Lehrbücher sind mit Strichätzungen und Autotypien bebildert; und diese nichtfarbigen Abbildungen und schematischen Zeichnungen erfüllen durchaus ihren Zweck.

Was gut genug ist für das wache Bewußtsein, ist offenbar gut genug für das persönliche Unterbewußte, welches es möglich findet, seinen Bedeutungsinhalt durch ungefärbte Symbole auszudrücken. Farbe erweist sich als eine Art von Prüfstein der Wirklichkeit. Was gegeben ist, ist farbig; was unser Symbole schaffender Intellekt und unsre Phantasie zusammensetzen, ist ungefärbt. So wird die Außenwelt als farbig wahrgenommen; Träume dagegen, welche nichts Gegebenes, sondern etwas vom persönlichen Unterbewußtsein Verfertigtes sind, sind gewöhnlich in Schwarzweißmanier gehalten. (Es ist bemerkenswert, daß erfahrungsgemäß bei den meisten Menschen die am lebhaftesten gefärbten Träume solche von Landschaften sind, in welchen es nichts Dramatisches gibt, keine symbolischen Anspielungen auf Konflikte, sondern nur gegebene, dem Bewußtsein dargebotene nichtmenschliche Tatsachen.)

Die Bilder der archetypischen Welt sind symbolisch; aber da wir, als Individuen, sie nicht verfertigen, sondern sie »dort draußen« in dem kollektiven Unbewußten finden, weisen sie zumindest einige der charakteristischen Eigenschaften gegebener Wirklichkeit auf und sind farbig. Die nichtsymbolischen Antipoden der Psyche existieren aus eigenem Recht und sind wie die gegebenen Tatsachen der Außenwelt farbig. Ja, sie sind viel lebhafter gefärbt als äußere Gegebenheiten. Das läßt sich zumindest teilweise damit erklären, daß unsre Wahrnehmungen der Außenwelt gewöhnlich von verbalen Begriffen umnebelt sind, in welchen wir unser Denken vollziehn. Wir versuchen immerfort, Dinge in Zeichen für die von uns erfundenen verständlicheren Abstraktionen zu verwandeln. Dabei aber berauben wir diese Dinge eines großen Teils ihrer angeborenen Dinglichkeit.

Bei den Antipoden der Psyche sind wir beinahe ganz der Sprache ledig und befinden uns außerhalb begrifflichen Denkens. Daher besitzt unsre Wahrnehmung visionärer Objekte die ganze Frische, die ganze nackte Intensität von Erlebnissen, welche niemals verwörtlicht, niemals leblosen Abstraktionen angeglichen wurden. Ihre Färbung (diese Punze des Gegebenseins) erstrahlt in einer Lebhaftigkeit, welche uns übernatürlich zu sein scheint, weil sie tatsächlich völlig natürlich ist – völlig natürlich in dem Sinn, daß sie weder durch die Sprache intellektualisiert ist noch durch irgendwelche wissenschaftliche, philosophische oder utilitaristische Begriffe, mittels welcher wir gewöhnlich die gegebene Welt in unserem eignen, trübselig menschlichen Ebenbild wiedererschaffen.

In seinem Buch *The Candle of Vision* hat der irische Dichter A. E. (George Russell) seine visionären Erlebnisse mit bemerkenswerter Schärfe analysiert. »Wenn ich meditiere«, schreibt er, »fühle ich in den Gedanken und Bildern, die mich umdrängen, die Widerspiegelung von Persönlichkeit; aber es gibt auch Fenster in der Seele, durch welche Bilder erblickt werden können, die nicht von menschlicher, sondern von göttlicher Einbildung geschaffen sind.«

Unsre sprachlichen Gewohnheiten führen uns in die Irre. Zum Beispiel sind wir geneigt zu sagen: »Ich bilde mir ein«, wenn wir sagen sollten: »Der Vorhang wurde gehoben, auf daß ich sähe.« Ob spontan oder herbeigeführt, Visionen sind nie unser persönliches Eigentum. Erinnerungen, welche dem gewöhnlichen Selbst angehören, haben in ihnen keinen Platz. Das Gesehene ist völlig unvertraut. Es besteht keine Ähnlichkeit und auch kein Zusammenhang mit irgendwelchen, wie Sir William Herschel es ausdrückt, »jüngst gesehenen oder auch nur gedachten Objekten«. Wenn Gesichter auftauchen, sind es nie die Gesichter von Freunden oder Bekannten. Wir sind aus der Alten Welt heraus und erforschen die Antipoden.

Den meisten von uns erscheint die Welt des Alltagserlebens meist als recht matt und trüb. Aber für einige Menschen fließt oft, und für eine ganze Anzahl gelegentlich die Helligkeit visionären Erlebens sozusagen ins gewöhnliche Sehen über, und die Alltagswelt wird für sie verklärt. Obgleich noch immer erkennbar sie selbst, nimmt die Alte Welt da das Wesen der Antipoden der Psyche an. Hier folge eine durchaus charakteristische Beschreibung dieser Verklärung der Alltagswelt.

»Ich saß am Meeresufer und hörte nur halb einem Freund zu, welcher mir heftig etwas zu beweisen suchte, was mich bloß langweilte. Ohne mir dessen bewußt zu sein, blickte ich auf eine dünne Schicht müßig aufgegriffenen Sands auf meiner Hand, als ich plötzlich die erlesene Schönheit jedes einzelnen Körnchens sah; ich sah, daß jedes Teilchen, statt matt zu sein, nach einem vollkommenen geometrischen Muster gebildet war, mit scharfen Ecken, die jede einzelne einen leuchtenden Lichtstrahl zurückwarf, während jedes einzelne winzige Kristall wie ein Regenbogen leuchtete ... Die Strahlen kreuzten einander und bildeten erlesene Muster von solcher Schönheit, daß sie mir den Atem raubte ... Dann wurde plötzlich mein Bewußtsein von innen her erleuchtet, und ich sah auf eine lebhafte Weise, wie das ganze Weltall aus Teilchen von Materie bestand, welche, wie matt und leblos sie auch zu sein schienen, von dieser intensiven und vitalen Schönheit erfüllt waren. Ein paar Sekunden lang erschien die ganze Welt als ein einziges Flammen von Herrlichkeit. Als das erlosch, hinterließ es mir etwas, das ich nie vergessen habe, das mich beständig an die Schönheit gemahnt, die in jedem kleinsten Stäubchen von Materie um uns her eingeschlossen ist.«

Ähnlich schreibt George Russell davon, die Welt von »einem unerträglichen Lichtglanz« erleuchtet gesehn zu haben; plötzlich »Landschaften, so lieblich wie ein verlorenes Paradies« erblickt, eine Welt wahrgenommen zu haben, wo »die Farben leuchtender und reiner waren und doch eine sanftere Harmonie bildeten«. Und weiter: »Die Lüfte funkelten und waren diamantklar und doch voller Farben wie ein Opal, als sie durch das Tal glitzerten, und ich wußte, das Goldene Zeitalter war rings um mich und wir waren es, die blind dafür gewesen waren, doch es war nie aus der Welt entschwunden.«

Viele ähnliche Beschreibungen finden sich bei den Dichtern und in der Literatur religiöser Mystik. Man denkt da zum Beispiel an Wordsworth' *Ode on the Imitations of Immortality in Early Childhood*; an gewisse Gedichte von George Herbert und Henry Vaughan; an Trahernes *Centuries of Meditations*; an die Stelle in seiner Autobiographie, wo Pater Surin die wunderbare Verwandlung eines ummauerten Klostergartens in ein Stückchen Himmel schildert.

Übernatürliches Licht und übernatürliche Farben sind allen visionären Erlebnissen gemein. Und Hand in Hand mit Licht und Farbe geht in jedem Fall ein Erkennen erhöhter Bedeutsamkeit. Die selbstleuchtenden Objekte, welche wir bei den Antipoden der Psyche erblicken, besitzen eine Bedeutung, und diese Bedeutung ist auf gewisse Weise ebenso intensiv wie ihre Farbe. Bedeutung zu haben, ist hier dasselbe wie Sein; denn bei den Antipoden der Psyche stehn Objekte für nichts andres als für sich selbst. Die Bilder, die in den nähergelegenen Bereichen des kollektiven Unbewußten erscheinen, sind bedeutungsvoll in bezug auf die Grundtatsachen menschlicher Erfahrung; hier aber, an den Grenzen der visionären Welt, stehn wir Tatsachen gegenüber, welche gleich denen der äußeren Natur vom einzelnen Menschen wie von der Menschheit als Ganzem unabhängig sind und nach eigenem Recht existieren. Und ihre Bedeutung besteht genau darin, daß sie intensiv sie selbst und somit Manifestationen des wesentlichen Gegebenseins, des nichtmenschlichen Andersseins des Weltalls sind.

Licht, Farbe und Bedeutsamkeit existieren nicht für sich allein. Sie verändern Objekte oder werden von diesen manifestiert. Gibt es gewisse Klassen von Objekten, die den meisten visionären Erlebnissen gemein sind? Ja, es gibt sie. Unter dem Einfluß von Meskalin und in der Hypnose ebenso wie in spontanen Visionen tauchen gewisse Klassen von Wahrnehmungen immer wieder auf.

Das typische Erlebnis beim Genuß von Meskalin oder Lysergsäure beginnt mit Wahrnehmungen farbiger, sich bewegender, gleichsam lebendiger geometrischer Figuren. Mit der Zeit wird reine Geometrie konkret, und der Visionär gewahrt nicht Muster, sondern gemusterte Dinge, wie etwa Teppiche, Schnitzereien, Mosaiken. An deren Stelle treten dann inmitten von Landschaften ungeheuere und komplizierte, unaufhörlich sich verändernde Gebäude; ihre Üppigkeit färbt sich immer intensiver, ihre Großartigkeit wird immer großartiger. Heroische Gestalten von der Art, die Blake »die Seraphim« nannte, können allein oder in ganzen Scharen auftauchen. Fabelwesen bewegen sich über die Szene. Alles ist neuartig und erstaunlich. Fast nie sieht der Visionär irgend etwas, das ihn an seine Vergangenheit gemahnt. Er erinnert sich nicht an Szenen, Personen oder Dinge, und er erfindet sie auch nicht; er schaut eine neue Schöpfung.

Das Rohmaterial für diese Schöpfung wird von der visuellen Erfahrung des gewöhnlichen Lebens geliefert; aber das Modeln dieses Materials zu Formen ist das Werk jemands, der ganz gewiß nicht das Selbst ist, das ursprünglich diese Erlebnisse hatte oder das sich später ihrer erinnerte und über sie nachdachte. Es ist (wie Dr. J. R. Smythies in einer im *American Journal of Psychiatry* erschienenen Abhandlung schrieb) »das Werk eines hochdifferenzierten psychischen Abteils, ohne jede ersichtliche gefühlte oder gewollte Verbindung mit den Zielen, Zwecken oder Gemütsbewegungen der betreffenden Person.«

Hier folge, teils zitiert, teils zusammengefaßt, Weir Mitchells Bericht über die visionäre Welt, in welche er durch Peyote versetzt wurde, die Kakteenart, die die natürliche Quelle des Meskalins ist.

Bei seinem Eintritt in diese Welt sah er einen Schwarm von »Sternpunkten« und was aussah wie »Bruchstücke von buntem Glas«. Dann kamen »zarte, schwebende, dünne Schichten von Farbe«. Diese wurden verdrängt von einem »jähen Schwall zahlloser weißer Lichtpunkte«, die durch sein Gesichtsfeld sausten. Das nächste waren Zickzacklinien sehr heller Farben, welche sich irgendwie in schwellende Wolken von noch leuchtenderen Tönungen verwandelten. Nun tauchten Gebäude auf und dann Landschaften, unter anderm auch ein reichverzierter gotischer Turm mit verwitterten Statuen in den Türwölbungen und auf Steinkonsolen. »Während ich hinsah, bedeckten oder behängten sich jeder vorspringende Winkel und Sims und sogar die Flächen der Steine, dort, wo sie aneinanderstießen, allmählich mit ganzen Büscheln von etwas, das riesige Edelsteine zu sein schienen, aber ungeschliffene, von welchen einige eher aussahen wie eine Fülle durchsichtiger Früchte ... Alle schienen sie ein inneres Licht zu besitzen.« Der gotische Turm wich einem Berg, einem Felsgipfel von unvorstellbarer Höhe, einer riesigen, aus Stein gehauenen und über den Abgrund vorragenden Vogelklaue, einem endlosen Entfalten farbiger Behänge und einem Hervorsprießen von noch mehr Edelsteinen. Zuletzt ergab sich der Anblick grüner und violetter Wellen, die sich an einem Ufer »mit Myriaden von Lichtern in denselben Farbtönen brachen«.

Jede Erfahrung mit Meskalin, jede in der Hypnose entstehende Vision ist einzigartig; aber alle gehören unverkennbar derselben Kategorie an. Die Landschaften, die architektonischen Gebilde, die zu Büscheln geballten Edelsteine, die leuchtenden, verschlungenen

Muster – sie sind in ihrer Atmosphäre übernatürlichen Lichts, übernatürlicher Farben und übernatürlicher Bedeutsamkeit der Stoff, aus dem die Antipoden der Psyche gemacht sind. Warum das so ist, das wissen wir nicht. Es ist eine nackte Erfahrungstatsache, die wir, ob es uns paßt oder nicht, hinnehmen müssen – genauso wie wir die Tatsache hinnehmen müssen, daß es Känguruhs gibt.

Von diesen Tatsachen visionären Erlebens wollen wir uns nun den in allen kulturellen Traditionen bewahrten Berichten über Jenseitswelten zuwenden, über Welten, die von den Göttern bewohnt werden, von den Geistern der Toten, von Menschen in ihrem unschuldigen Urzustand.

Wenn wir solche Berichte lesen, fällt uns sogleich die große Ähnlichkeit zwischen herbeigeführten und spontanen visionären Erlebnissen und den Himmeln und Märchenländern der Folklore und der Religion auf. Übernatürliches Licht, übernatürlich starke Farben, übernatürliche Bedeutsamkeit – sie sind charakteristisch für alle Jenseitswelten und Goldenen Zeitalter. Und fast immer scheint dieses übernatürlich bedeutungsvolle Licht auf oder aus Landschaften von dermaßen alles übertreffender Schönheit, daß Worte sie nicht auszudrücken vermögen.

So finden wir in der griechisch-römischen Überlieferung den lieblichen Garten der Hesperiden, die Elysäischen Felder und die schöne Insel Leuke, auf die Achilles entrückt wurde. Memnon gelangte auf eine andre leuchtende Insel irgenwo im Osten. Odysseus und Penelope reisten in der entgegengesetzten Richtung und erfreuten sich ihrer Unsterblichkeit bei Circe in Italien. Noch weiter westlich lagen die zuerst von Hesiod erwähnten Inseln der Seligen, an die so fest geglaubt wurde, daß noch im 1. Jahrhundert n. Chr. Sertorius beabsichtigte, von Spanien ein Geschwader zu ihrer Entdeckung auszusenden.

Zauberhaft schöne Inseln tauchen im Volksglauben der Kelten wieder auf und, auf der entgegengesetzten Seite der Welt, in dem der Japaner. Und zwischen Avalun im äußersten Westen und Horaisan im Fernen Osten liegt das Land Uttarakuru, das Jenseits der Hindu. »Dieses Land«, so lesen wir im *Ramayana*, »wird bewässert von Seen mit goldenen Lotusblumen. Es gibt da Flüsse zu Tausenden, voller Blätter von der Farbe des Saphirs und des Lapislazuli;

und auf den wie die Morgensonne strahlenden Seen schwimmen goldene Beete roter Lotusblumen. Das Land ringsumher ist mit Juwelen und Edelsteinen bedeckt und mit Beeten von blauem Lotus mit goldenen Blütenblättern. Statt Sand bilden Perlen, Edelsteine und Gold die Ufer der Flüsse, über die sich Bäume von feurig glänzendem Gold neigen. Diese Bäume tragen immerwährend Blüten und Früchte, verströmen einen süßen Duft und wimmeln von Vögeln.«

Uttarakuru, so sehen wir, ähnelt den Landschaften des Meskalinerlebnisses darin, daß es reich an Edelsteinen ist. Und diese Eigenschaft ist so gut wie allen Jenseitswelten religiöser Überlieferung gemein. Jedes Paradies ist überreich an Edelsteinen oder zumindest an edelsteingleichen Gegenständen, die, wie Weir Mitchell es ausdrückt, »durchsichtigen Früchten« ähneln. Hier zum Beispiel Ezechiels Schilderung des Gartens Eden: »Du bist im Lustgarten Gottes, und mit allerlei Edelsteinen geschmückt, mit Sarder, Topas, Demant, Türkis, Onyx, Jaspis, Saphir, Amethyst, Smaragd und Gold ... Du bist wie ein Cherub, der sich weit ausbreitet und decket ... auf den heiligen Berg Gottes gesetzt, daß du unter den feurigen Steinen wandelst.« Die buddhistischen Paradiese sind mit ähnlichen »feurigen Steinen« geziert. So ist das westliche Paradies der Sekte des Reinen Landes von Mauern aus Silber, Gold und Beryll umgeben und hat Seen mit edelsteinbesetzten Ufern und einer Fülle leuchtender Lotusblumen, in welchen die Bodhisattwas thronen.

Bei der Beschreibung ihrer Jenseitswelten sprechen die Kelten und Germanen sehr wenig von Edelsteinen, wissen aber sehr viel von einer andern und für sie ebenso wundervollen Substanz – nämlich Glas – zu sagen. Die Waliser hatten ein seliges Land, genannt Ynisvitrin, die Glasinsel; und einer der Namen des germanischen Totenreichs war Glasberg. Man denkt da auch an das Meer von Glas in der Offenbarung Johannis.

Die meisten Paradiese sind mit Gebäuden geziert, und wie die Bäume, die Gewässer, die Berge und Wiesen leuchten diese Gebäude von Edelsteinen. Wir sind alle vertraut mit dem Neuen Jerusalem. »Und der Bau ihrer Mauer war von Jaspis und die Stadt von lauterm Golde gleich dem feinen Glase. Und die Gründe der Mauer um die Stadt waren geschmücket mit allerlei Edelsteinen.«

Ähnliche Beschreibungen finden sich in der eschatologischen Literatur des Hinduismus, des Buddhismus und des Islam. Der Himmel ist stets ein Ort voller Edelsteine. Warum wohl? Diejenigen, die an jede menschliche Tätigkeit nur in Begriffen eines sozialen und wirtschaftlichen Beziehungssystems denken, werden etwa antworten: Edelsteine sind auf Erden sehr selten. Wenige Menschen besitzen welche. Um sich dafür zu entschädigen, haben die Sprecher der von Armut bedrückten Mehrheit ihre Himmel mit Edelsteinen angefüllt. Diese Hypothese einer Vertröstung auf den Himmel enthält zweifellos etwas Wahres; aber sie erklärt nicht, warum Edelsteine überhaupt für kostbar gehalten wurden.

Die Menschen haben ungeheuer viel Zeit, Energie und Geld auf das Auffinden, Ausgraben und Schleifen farbiger Kiesel verwendet. Warum? Der Utilitarier weiß keine Erklärung solch phantastischen Gehabens zu bieten. Sobald wir aber die Tatsachen visionärer Erfahrung in Betracht ziehen, wird alles klar. In Visionen gewahren die Menschen eine Überfülle dessen, was Ezechiel »feurige Steine« nannte, was Weir Mitchell als »durchsichtige Früchte« beschrieb. Diese Dinge leuchten von selbst, zeigen übernatürlichen Farbenglanz und besitzen eine übernatürliche Bedeutsamkeit. Die materiellen Objekte, die diesen visionären Lichtquellen am meisten ähneln, sind die Edelsteine. Einen solchen Stein zu erwerben, heißt etwas erwerben, dessen Kostbarkeit durch die Tatsache gewährleistet ist, daß es in der Jenseitswelt existiert.

Daher die sonst unerklärliche Leidenschaft der Menschen für Edelsteine, und daher die von ihnen den Edelsteinen zugeschriebenen heilenden und magischen Kräfte. Die kausale Kette beginnt, wie ich überzeugt bin, im psychischen Jenseits visionären Erlebens, senkt sich zur Erde und steigt dann wiederum auf in das theologische Jenseits des Himmels. In diesem Zusammenhang gewinnen die Worte des Sokrates im *Phaidon* eine neue Bedeutung. Es gibt, so sagt er uns da, eine ideale Welt über und jenseits der stofflichen. »In jener andern Welt sind die Farben viel reiner und leuchtender als hier unten ... Sogar die Berge, sogar die Steine haben einen üppigeren Glanz, eine schönere Durchsichtigkeit und sattere Farbenkraft. Die Edelsteine dieser niedereren Welt, unsre hochgeschätzten Korneliane, Jaspisse und Smaragde und wie sie alle heißen, sind bloß winzige Bruchstücke jener Steine dort oben. In jener andern Welt gibt es keinen Stein, der nicht kostbar wäre und an Schönheit jeden unsrer Edelsteine überträfe.«

Mit andern Worten, Edelsteine sind edel und kostbar, weil sie eine schwache Ähnlichkeit mit den leuchtenden Wundern haben, die das innere Auge des Visionärs erblickt. »Der Anblick jener Welt«, sagt Plato, »ist eine Vision seliger Beschauer«; denn Dinge zu sehen, »wie sie an sich sind«, ist ungemischte und unaussprechliche Seligeit.

Für Menschen, die nichts von Edelsteinen oder Glas wissen, ist der Himmel nicht mit Mineralien, sondern mit Blumen ausgeschmückt. Übernatürlich leuchtende Blumen blühen in den meisten der von primitiven Eschatologen beschriebenen Jenseitswelten, und sogar in den edelsteinbesetzten und gläsernen Paradiesen der fortgeschritteneren Religionen haben sie ihren Platz. Man erinnert sich da der Lotosblüte hinduistischer und buddhistischer Überlieferung, der Rosen und Lilien des Westens.

»Gott pflanzte zuerst einen Garten.« Das drückt eine tiefe psychologische Wahrheit aus. Der Gartenbau hat seinen Ursprung – oder jedenfalls einen seiner Ursprünge – in der Jenseitswelt der Antipoden der Psyche. Wenn Andächtige Blumen am Altar darbringen, geben sie den Göttern Dinge zurück, von welchen sie wissen oder (wenn sie nicht Visionäre sind) dunkel fühlen, daß sie im Himmel bodenständig sind.

Und diese Rückkehr zum Ursprung ist nicht nur symbolisch, sie ist auch eine Sache unmittelbarer Erfahrung. Denn der Verkehr zwischen unsrer Alten Welt und den Antipoden, zwischen dem Diesseits und dem Jenseits, wickelt sich auf einer Zweibahnstraße ab. Edelsteine zum Beispiel kommen aus dem visionären Himmel der Seele; aber sie führen die Seele auch zurück in diesen Himmel. Bei ihrer Betrachtung fühlen sich die Menschen (wie wir sagen) *entrückt* – hingerissen zu jener Jenseitswelt der platonischen Dialoge, dem magischen Ort, wo jeder Kiesel ein Edelstein ist. Und dieselben Wirkungen können durch Kunsterzeugnisse aus Glas oder Metall hervorgerufen werden, durch im Dunkel brennende Kerzen, durch hellbeleuchtete Bildnisse und Ornamente, durch Blumen, Muscheln und Federn, durch Landschaften, gesehen, wie Shelley von den

Euganeischen Bergen Venedig sah, im verklärenden Licht der aufgehenden oder untergehenden Sonne.

Ja wir können sogar eine Verallgemeinerung wagen und sagen, was immer in der Natur oder in einem Kunstwerk einem dieser höchst bedeutsamen, von innen erglühenden Dinge ähnelt, auf die man bei den Antipoden der Psyche stößt, sei fähig, das visionäre Erlebnis, wenn auch nur zum Teil und in abgeschwächter Form, herbeizuführen. Hier wird ein Hypnotiseur uns erinnern, daß ein Patient, wenn er dazu bewogen werden kann, angespannt auf einen glänzenden Gegenstand zu blicken, leicht in Trance verfällt; und daß er, wenn er in Trance verfällt oder auch nur ins Träumen gerät, sehr wohl im Innern Visionen und außen eine verklärte Welt sehen kann.

Aber genau wie und warum führt der Anblick eines glänzenden Gegenstands eine Trance oder einen träumerischen Zustand herbei? Kommen die, wie im 19. Jahrhundert behauptet wurde, einfach von überanstrengten Augen, welche eine allgemein nervliche Erschöpfung zur Folge haben, oder sollen wir das Phänomen in rein psychologischen Begriffen erklären – als eine bis zum Monoideismus getriebene Konzentration, die zu Dissoziation führt?

Aber es gibt noch eine dritte Möglichkeit. Glänzende Gegenstände können unserem Unterbewußtsein in Erinnerung bringen, wessen es sich bei den Antipoden der Psyche erfreute, und diese dunklen Andeutungen eines Lebens im Jenseits sind so fesselnd, daß wir dem Diesseits weniger Aufmerksamkeit zollen und so fähig werden, bewußt etwas zu erleben, was unbewußt stets mit uns ist.

Wir sehen also, daß es in der Natur gewisse Vorgänge, gewisse Klassen von Dingen, gewisse Stoffe gibt, welche den Geist des Beschauers in der Richtung auf seine Antipoden zu entrücken vermögen, hinaus aus dem Diesseits des Alltags und auf das Jenseits der Vision zu.

Und ebenso finden wir auf dem Gebiet der Kunst gewisse Werke, sogar ganze Kategorien von Werken, in welchen dieselbe entrückende Kraft offenbar wird. Diese Visionen herbeiführenden Werke können in Visionen herbeiführenden Werkstoffen ausgeführt sein, etwa in Glas, Metall, Edelsteinen oder edelsteinähnlichen Pigmenten. In andern Fällen beruht ihre Kraft darauf, daß sie auf eine besonders ausdrucksvolle Weise eine entrückende Szene oder einen solchen Gegenstand wiedergeben.

Die besten Kunstwerke dieser Art werden von Menschen geschaffen, welche selber das visionäre Erlebnis gehabt haben; aber es ist auch jedem halbwegs begabten Künstler schon durch bloßes Befolgen eines bewährten Rezepts möglich, Werke zu schaffen, welche wenigstens einige entrückende Kraft besitzen.

Von allen den Visionen herbeiführenden Künsten ist die am meisten von ihren Werkstoffen abhängige natürlich die des Goldschmieds und Juweliers. Geschliffene Metalle und Edelsteine wirken schon an und für sich so entrückend, daß sogar ein Schmuckstück der Gründerzeit, sogar eins im Jugendstil etwas Machtvolles ist. Und wenn zu diesem natürlichen Zauber gleißenden Metalls und wie von innen leuchtenden Steins noch der Zauber edler Formen und kunstvoll zusammengestellter Farben hinzukommt, haben wir einen echten Talisman vor uns.

Die religiöse Kunst hat immer und überall von diesen Visionen erregenden Werkstoffen Gebrauch gemacht. Der goldene Schrein, die Statue aus Gold und Elfenbein, das juwelenbesetzte Symbol oder Bildnis, die glitzernde Ausstattung des Altars – wir finden dies alles im heutigen Europa wie im alten Ägypten, in Indien und China ebenso wie bei den Griechen, den Inkas und den Azteken.

Die Erzeugnisse der Goldschmiedekunst sind wesentlich numinos. Sie haben ihren Platz im Innersten eines jeden Mysteriums, in jedem Allerheiligsten. Dieser geheiligte Schmuck ist immer mit dem Licht von Lampen und Kerzen in Verbindung gebracht worden. Für Ezechiel war ein Juwel ein feuriger Stein. Umgekehrt ist eine Flamme ein lebendiger Edelstein, mit der ganzen entrückenden Macht ausgestattet, die dem Edelstein und, in geringerem Maß, poliertem Metall innewohnt. Diese entrückende Macht der Flamme erhöht sich im Verhältnis zu Tiefe und Ausmaß der sie umgebenden Dunkelheit. Die eindrucksvollsten numinosen Tempel sind zwielichtige Höhlen, in welchen ein paar Kerzen den entrückenden jenseitsweltlichen Schätzen auf dem Altar Leben verleihen.

Glas ist ein kaum weniger wirksamer Visionenerreger als die natürlichen Edelsteine. In mancher Hinsicht ist es sogar wirksamer, aus dem einfachen Grund, daß mehr davon vorhanden ist. Dank dem Glas konnte ein ganzes Gebäude – die Sainte-Chapelle zum Beispiel, die Kathedralen von Chartres und Sens – in etwas Magisches und Entrückendes verwandelt werden. Dank dem Glas vermochte Paolo Uccello ein kreisrundes Juwel von vier Metern Durchmesser zu entwerfen – sein großes Auferstehungsfenster, vielleicht das außergewöhnlichste einzelne Werk Visionen herbeiführender Kunst, das je geschaffen wurde.

Für die Menschen des Mittelalters war das visionäre Erlebnis offenbar von höchstem Wert, ja tatsächlich so wertvoll, daß sie bereit waren, dafür in schwer verdientem Geld zu bezahlen. Im 12. Jahrhundert wurden in den Kirchen Sammelbüchsen für das Einsetzen und die Erhaltung bunter Glasfenster aufgestellt. Suger, der Abt von St. Denis, erzählt uns, daß sie stets voll waren.

Man kann aber von Künstlern, welche einige Selbstachtung besitzen, nicht erwarten, daß sie immer weiter das tun, was ihre Väter schon unübertrefflich gut getan haben. Im 14. Jahrhundert machte Farbigkeit der Grisaille Platz, und Glasfenster hörten auf, Visionen herbeizuführen. Als im späten 15. Jahrhundert Farbigkeit wieder in Mode kam, fühlten die Glasmaler das Verlangen, Renaissancegemälde transparent nachzuahmen, und sahen sich dazu technisch genügend ausgerüstet. Die Ergebnisse waren oft interessant, aber sie waren nicht entrückend.

Dann kam die Reformation. Die Protestanten mißbilligten visionäre Erlebnisse und schrieben dem gedruckten Wort magische Kräfte zu. In einer Kirche mit durchsichtigen Fenstern konnten die Andächtigen ihre Bibeln und Gebetbücher lesen und wurden nicht in Versuchung geführt, der Predigt in die Jenseitswelt zu entfliehen. Katholischerseits sahen sich die Menschen der Gegenreformation in einem Zwiespalt. Sie hielten zwar das visionäre Erlebnis für etwas Gutes, aber sie glaubten auch an den unübertrefflichen Wert des gedruckten Wortes. In den neuen Kirchen wurde nur selten buntes Glas verwendet, und in vielen der alten wurde es ganz oder teilweise durch farbloses Glas ersetzt. Das ungedämpfte Licht erlaubte den Gläubigen, dem Gottesdienst in ihren Gebetbüchern zu folgen und gleichzeitig die Visionen hervorrufenden Werke der neuen

Generation von Bildhauern und Architekten des Barocks zu sehen. Diese entrückenden Werke waren in Metall und poliertem Stein ausgeführt. Wohin der Andächtige den Blick auch wandte, da fand er das Schimmern von Bronze, das üppige Glänzen farbigen Marmors, die überirdische Weiße von Statuen.

Bei den seltenen Gelegenheiten, bei denen die Gegenreformation von Glas Gebrauch machte, tat sie das als Ersatz für Diamanten, nicht für Rubine oder Saphire. Facettierte Prismen tauchten in der religiösen Kunst des 17. Jahrhunderts auf, und in katholischen Kirchen baumeln sie bis zum heutigen Tag von unzähligen Kronleuchtern. (Diese bezaubernden und ein bißchen lächerlichen Zierstücke gehören übrigens zu den sehr wenigen entrückenden Mitteln, die im Islam gestattet sind. Zumindest im Nahen Osten wird die erhabene Strenge der Moscheen da und dort durch das entrückende Geglitzer von Rokokokristall gemildert.)

Von Glas, gefärbtem oder geschliffenem, wenden wir uns dem Marmor und andern Gesteinen zu, die Hochglanz annehmen und in Massen verwendet werden können. Die fesselnde Wirkung, die von solchen Gesteinen ausgeht, läßt sich an der Zeit und Mühe, die auf ihre Erlangung verwendet wurden, ermessen. In Baalbek zum Beispiel und, etwa dreihundert Kilometer weiter landeinwärts, in Palmyra finden wir unter den Ruinen Säulen rosenfarbenen Granits aus Assuan. Diese großen Monolythen wurden in oberägyptischen Steinbrüchen gewonnen, auf Barken den Nil hinabgeschafft, im Schlepptau über das Mittelmeer nach Byblos oder Tripolis geflößt und von da mit Ochsen, Maultieren und Menschenkräften bergauf nach Homs geschleppt, und von Homs südwärts nach Baalbek oder ostwärts durch die Wüste nach Palmyra. Was für eine Gigantenarbeit! Und, vom Nützlichkeitsstandpunkt, wie verwunderlich sinnlos! Tatsächlich aber hatte sie natürlich einen Sinn – einen Sinn, der in einer Region jenseits bloßer Nützlichkeit lag. Poliert bis zu einem visionären Erglühen, verkündeten die rosigen Schäfte ihre offenbare Verwandtschaft mit der Andern Welt. Um den Preis ungeheurer Anstrengungen hatten Menschen diese Säulen aus den Steinbrüchen am Wendekreis des Krebses herbeigeschafft; und nun beförderten, gewissermaßen als Entschädigung, diese Steine ihre Beförderer den halben Weg zu den visionären Antipoden der Psyche.

Die Frage nach der Nützlichkeit und nach den Beweggründen, welche jenseits der Nützlichkeit liegen, ergibt sich auch bei der Keramik. Wenige Dinge sind nützlicher, sind unentbehrlicher als Töpfe, Teller und Krüge. Dennoch legt kaum jemand so wenig auf Nützlichkeit Wert wie die Sammler von Porzellan und glasiertem Steingut. Zu behaupten, daß diese Menschen nach Schönheit dürsten, ist keine genügende Erklärung. Die häßliche Gewöhnlichkeit der Umgebung, in der schöne Keramik so oft zur Schau gestellt wird, ist Beweis genug dafür, daß, worauf ihre Eigentümer erpicht sind, nicht Schönheit in allen ihren Kundgebungen ist, sondern nur eine besondere Art von Schönheit – gewölbte Spiegelungen, sanft schimmernde Lasuren, glatte und gleißende Oberflächen. Mit einem Wort, eine Schönheit, welche den Beschauer entrückt, weil sie ihn, dunkel oder deutlich, an die übernatürlichen Lichter und Farben der Jenseitswelt gemahnt. Die Kunst des Töpfers war immer eine hauptsächlich weltliche Kunst, die aber von ihren unzähligen Anbetern mit fast götzendienerischer Ehrfurcht behandelt wurde. Dann und wann jedoch wurde diese weltliche Kunst in den Dienst der Religion gestellt. Glasierte Kacheln haben ihren Weg in die Moscheen gefunden und hier und da auch in christliche Kirchen. Aus China kommen schimmernde keramische Bildnisse von Göttern und Heiligen. In Italien schuf Luca della Robbia ein Himmelszelt von blauer Glasur für seine glänzend weißen Madonnen und Christuskinder. Gebrannter Ton ist billiger als Marmor und wirkt, entsprechend behandelt, fast ebenso entrückend.

Plato und – während einer späteren Blüte religiöser Kunst – der heilige Thomas von Aquino behaupteten, daß reine, leuchtende Farben zum wahren Wesen künstlerischer Schönheit gehören. Ein Matisse wäre also schon an sich einem Goya oder Rembrandt überlegen. Man braucht nur die Abstraktionen der Philosophen in konkrete Begriffe zu übertragen, um zu sehen, daß diese Gleichsetzung von Schönheit im allgemeinen mit leuchtenden, reinen Farben unsinnig ist. Aber die ehrwürdige Doktrin entbehrt, wenngleich in dieser Form unhaltbar, nicht ganz der Wahrheit.

Leuchtende, reine Farben sind charakteristisch für die Jenseitswelt. Daher sind in leuchtend reinen Farben gemalte Kunstwerke unter geeigneten Umständen fähig, den Geist des Beschauers in der

Richtung auf seine Antipoden zu entrücken. Leuchtende, reine Farben gehören zum Wesen zwar nicht der Schönheit im allgemeinen, aber einer besondern Art der Schönheit: der visionären. Gotische Kirchen, griechische Tempel, die Statuen des 13. nachchristlichen und des 5. vorchristlichen Jahrhunderts – sie alle waren in leuchtend bunten Farben bemalt.

Für die Griechen und die Menschen des Mittelalters hatte diese Malerei des Ringelspiels und des Wachsfigurenkabinetts offenbar etwas Entrückendes. Für uns hat sie etwas Beklagenswertes. Uns ist unser Praxiteles unkoloriert, unser Marmor und Sandstein *au naturel* lieber. Warum ist der moderne Geschmack in dieser Hinsicht so verschieden von dem unsrer Vorfahren? Weil wir, so vermute ich, zu vertraut geworden sind mit leuchtenden, reinen Pigmenten, um von ihnen noch sehr ergriffen zu werden. Wir bewundern sie selbstverständlich, wenn wir sie in einer großartigen oder subtilen Komposition erblicken. An und für sich jedoch vermögen sie uns nicht zu entrücken.

Sentimentale Liebhaber der Vergangenheit klagen über die graue Eintönigkeit unsres Zeitalters und vergleichen sie zu ihrem Nachteil mit dem bunten Glanz vergangener Zeiten. Tatsächlich aber findet sich selbstverständlich eine viel größere Fülle von Farben in der modernen als in der antiken Welt. Lapislazuli und tyrischer Purpur waren kostbare Seltenheiten; die üppigen Samte und Brokate fürstlicher Kleiderkammern, die gewebten oder bemalten Wandbehänge mittelalterlicher und frühneuzeitlicher Häuser waren einer bevorrechteten Minderheit vorbehalten.

Sogar die Großen dieser Erde besaßen sehr wenige solcher Visionen hervorrufende Schätze. Noch im 17. Jahrhundert hatten Monarchen so wenige Einrichtungsgegenstände, daß sie mit Wagenladungen von Geschirr und Bettzeug, Teppichen und Wandbehängen von einer ihrer Pfalzen zur andern reisen mußten. Für die große Masse des Volks gab es nur hausgesponnene Gewebe und ein paar pflanzliche Farbstoffe; und zur Innendekoration standen bestenfalls farbige Erden, schlimmstenfalls (und meistens) »der Estrich von Lehm und die Wände von Dung« zur Verfügung.

Bei den Antipoden jeder Psyche lag die andere, die Jenseitswelt übernatürlichen Lichts und übernatürlicher Farbe, idealer Edelsteine und visionären Golds. Vor jedem Augenpaar aber lag nur die düstere Verwahrlosung des häuslichen Kobens, der Staub und Schlamm der Dorfstraße, das unsaubere Weiß, das Lehmgelb und Gänsedreckgrün zerlumpter Kleidung. Daher ein leidenschaftliches, fast verzweifeltes Dürsten nach starken, reinen Farben; und daher die überwältigende Wirkung, welche solche Farben hervorriefen, wann immer sie in Kirchen oder an Fürstenhöfen zur Schau gestellt wurden. Heutzutage erzeugt die chemische Industrie Malerfarben, Lacke und Färbemittel in unendlicher Auswahl und riesigen Mengen. In unsrer modernen Welt gibt es kräftige Farbstoffe genug, um die Herstellung von Milliarden von Flaggen und »komischen Bilderstreifen« sicherzustellen, von Millionen von Verkehrszeichen und Schlußlichtern, von Hunderttausenden von Feuerspritzen und Coca-Cola-Behältern und Quadratkilometern von Teppichen, Tapeten und nichtgegenständlichen Bildern.

Vertrautheit züchtet Gleichgültigkeit. Wir haben zu viele reine, starke Farben bei Woolworth gesehn, um sie an sich als entrückend zu empfinden. Und hier können wir anmerken, daß die moderne Technik durch ihre erstaunliche Fähigkeit, uns zuviel des Besten zu geben, dazu neigt, die herkömmlichen der Visionen herbeiführenden Werkstoffe zu entwerten. Die Festbeleuchtung einer Stadt zum Beispiel war einst ein seltenes Ereignis, aufgespart für Siege und Nationalfeiertage, für Kanonisationen und Krönungen. Nun ereignet sie sich allnächtlich und feiert die Tugenden von Schnäpsen, Zigaretten und Zahnpasten.

In London waren vor fünfzig Jahren elektrische Dachreklamen etwas Neues und so selten, daß sie aus der nebeligen Dunkelheit hervorleuchteten »wie Hauptjuwelen in dem Krongeschmeid« Jenseits der Themse, auf dem alten Schrotturm, waren die goldenen und rubinroten Buchstaben von magischer Schönheit – eine Feerie. Heutzutage sind die Feen dahin, Neon ist allgegenwärtig, und daher hat es keine Wirkung auf uns außer vielleicht der, Sehnsucht nach der Urnacht in uns zu wecken.

Nur in der Scheinwerferbeleuchtung von Gebäuden erhaschen wir wiederum die überirdische Bedeutsamkeit, welche im Zeitalter des Öls und Wachses, ja sogar noch in dem des Leuchtgases und

Kohlendrahts aus so gut wie jeder Insel von Helle innerhalb der grenzenlosen Finsternis hervorzustrahlen schien. Im Scheinwerferlicht sind *Notre-Dame de Paris* und das *Forum Romanum* visionäre Erscheinungen und haben die Macht, den Geist des Beschauers zur Jenseitswelt hin zu entrücken.[3]

Die moderne Technik hat auf Glas und poliertes Metall dieselbe entwertende Wirkung gehabt wie auf Illuminationslämpchen und starke, reine Farben. Für Johannes von Patmos und seine Zeitgenossen waren Mauern von Glas nur im Neuen Jerusalem denkbar. Heutzutage sind sie ein Bestandteil jedes zeitgemäßen Bürogebäudes und Ferienhauses. Und diese Übersättigung mit Glas geht neben einer Übersättigung mit Chrom und Nickel, rostfreiem Stahl und Aluminium und einer großen Zahl alter und neuer Legierungen vor sich. Metallische Oberflächen winken uns aus dem Badezimmer, blinken aus dem Küchenausguß, sausen, an Autos und Eisenbahnzügen glitzernd, durchs Land.

Jene üppigen konvexen Spiegelungen, die Rembrandt so fesselten, daß er es nie müde wurde, sie zu malen, sind heute Gemeinplätze des Heims, der Straße und der Fabrik. Die »feine Spitze seltenen Genusses« ist abgestumpft worden. Was einst ein »dünner Strahl visionären Entzückens« war, ist jetzt ein Stück unbeachteten Linoleums.

Bisher habe ich nur von Visionen hervorrufenden Werkstoffen und ihrer psychologischen Entwertung durch die moderne Technik gesprochen. Wir wollen nun die rein künstlerischen Mittel betrachten, mittels derer Visionen hervorrufende Werke geschaffen wurden.

Licht und Farbe neigen dazu, etwas Übernatürliches anzunehmen, wenn sie inmitten völliger Dunkelheit erblickt werden. Fra Angelicos *Kreuzigung* im Louvre hat einen schwarzen Hintergrund. Den haben auch die Fresken der Passion, die Andrea del Castagno für die Nonnen von S. Apollonia in Florenz gemalt hat. Daher die visionäre Intensität, die seltsam entrückende Macht dieser außerordentlichen Kunstwerke. In einem ganz andern künstlerischen und psychologischen Zusammenhang wurde dasselbe Mittel oft von Goya in seinen Radierungen angewendet. Diese fliegenden Menschen,

[3] Siehe Anhang III.

dieses Pferd auf einem gespannten Seil, die riesige und grausige Verkörperung der Angst – sie alle heben sich wie von Scheinwerfern angeleuchtet gegen einen Hintergrund undurchdringlicher Nacht ab.

Mit der Entwicklung des Helldunkels im 16. und 17. Jahrhundert kam die Nacht aus dem Hintergrund hervor und ließ sich mitten im Bild nieder, so daß die Szene zu einer Art manichäischen Ringens zwischen Licht und Finsternis wurde. Damals, als sie gemalt wurden, müssen diese Werke eine wirkliche Macht zur Entrückung besessen haben. Uns, die wir viel zuviel dergleichen gesehen haben, kommen die meisten bloß theatralisch vor. Aber einige wenige haben ihren Zauber behalten. Zum Beispiel Caravaggios *Grablegung*; und ein Dutzend magischer Gemälde von Georges de Latour[4]; und alle die visionären Rembrandts, auf denen die Lichter die Leuchtkraft und Bedeutsamkeit von Licht bei den Antipoden der Psyche haben; auf denen die Schatten alle voll reichster Möglichkeiten sind, welche nur darauf warten, daß die Reihe an sie komme, sich zu verwirklichen und sich unserem Bewußtsein glühend zu vergegenwärtigen.

Meist sind die offenkundigen Vorwürfe zu Rembrandts Bildern dem wirklichen Leben oder der Bibel entnommen – ein Knabe, wie er seine Aufgaben lernt, oder Bathseba im Bade; eine Frau, die durch einen Teich watet, oder Christus vor seinen Richtern. Gelegentlich jedoch werden diese Botschaften aus der Jenseitswelt durch ein Sujet übermittelt, das nicht dem wirklichen Leben oder der Geschichte, sondern dem Bereich archetypischer Symbole entnommen ist. Im Louvre hängt eine *Méditation du Philosophe*, deren symbolischer Gegenstand nicht mehr und nicht weniger ist als der menschliche Geist mit seinen wimmelnden Dunkelheiten, seinen Augenblicken intellektueller und visionärer Erleuchtung, seinen geheimnisvollen Treppen, die sich abwärts und aufwärts ins Unbekannte winden. Der meditierende Philosoph sitzt wie in einer Insel innerer Erleuchtung da; und am andern Ende der symbolischen Kammer, in einer andern, rosigeren Insel kauert ein altes Weib vor einem Herd. Der Feuerschein fällt auf ihr Gesicht und verklärt es, und wir sehen, konkret veranschaulicht, das unmögliche Paradoxon

[4] Siehe Anhang IV.

und diese höchste Wahrheit – daß Wahrnehmung dasselbe ist (oder wenigstens sein kann, sein sollte) wie Offenbarung; daß die Wirklichkeit aus jeder Erscheinung hervorleuchtet, daß das Eine völlig und grenzenlos in allem einzelnen gegenwärtig ist.

Zugleich mit den übernatürlichen Lichtern und Farben, den Juwelen und immerzu wechselnden Mustern entdecken die Besucher der Antipoden der Psyche eine Welt erhaben schöner Landschaften, lebenerfüllter Bauten und heroischer Gestalten.

Die entrückende Macht vieler Kunstwerke läßt sich der Tatsache zuschreiben, daß ihre Schöpfer Szenen, Personen und Gegenstände gemalt haben, welche den Beschauer daran gemahnen, was er in der Tiefe seines Geistes bewußt oder unbewußt von der jenseitigen Welt weiß.

Beginnen wir mit den menschlichen oder vielmehr übermenschlichen Einwohnern jener fernen Region. Blake nannte sie die Cherubim. Und die sind sie im wesentlichen zweifellos: die psychischen Urbilder jener Wesen, die in der Theologie einer jeden Religion als Zwischengänger zwischen den Menschen und dem Klaren Licht dienen. Diese mehr als menschlichen Persönlichkeiten visionärer Erlebnisse »tun« nie »etwas«. (Ebensowenig »tun« die Seligen im Himmel »etwas«.) Sie sind zufrieden, nur »zu sein«.

Unter vielerlei Namen und in einer endlosen Mannigfaltigkeit von Kostümen sind diese heroischen Gestalten des visionären Erlebens in der religiösen Kunst einer jeden Kultur erschienen. Manchmal werden sie in Ruhe dargestellt, manchmal bei historischen oder mythischen Handlungen. Aber Handeln ist für die Eingeborenen der Antipoden der Psyche etwas nicht ganz Natürliches. Tätig zu sein ist das Gesetz *unseres* Seins. Das Gesetz des *ihren* ist es, nichts zu tun. Wenn wir diese abgeklärt heiteren Fremdlinge zwingen, eine Rolle in einem unsrer allzumenschlichen Dramen zu spielen, werden wir der visionären Wahrheit untreu. Darum sind die am meisten entrückenden (wenn auch nicht notwendigerweise die schönsten) Darstellungen der »Cherubim« diejenigen, die sie zeigen, wie sie in ihrem natürlichen Habitat sind und da nichts Besonderes tun.

Und das erklärt den überwältigenden, den mehr als bloß ästhetischen Eindruck, den die großen statischen Meisterwerke religiöser

Kunst auf den Beschauer machen. Die skulptierten Gestalten ägyptischer Götter und Gottkönige, die Madonnen und Pantokratoren byzantinischer Mosaiken, die Bodhisattvas und Lohans Chinas, die sitzenden Buddhas von Khmer, die Stelen und Statuen von Copan, die sitzenden Idole des tropischen Afrika – sie alle haben ein Merkmal gemein: eine tiefe Ruhe. Und gerade die verleiht ihnen ihre numinose Eigenschaft, ihre Macht, den Beschauer aus der Alten Welt seiner Alltagserfahrung weit weg zu entrücken, gegen die visionären Antipoden der Menschenseele hin.

Es ist selbstverständlich nichts an sich Vortreffliches an statischer Kunst. Ob statisch oder dynamisch – ein schlechtes Kunstwerk ist immer ein schlechtes Kuntwerk. Ich will nur andeuten, daß unter sonst völlig gleichen Bedingungen eine heroische Gestalt in Ruhe eine größere entrückende Macht hat, als eine in Tätigkeit gezeigte.

Die Cherubim wohnen im Paradies und im Neuen Jerusalem – mit andern Worten, inmitten wunderbarer Gebäude, welche in üppige lichte Gärten mit Fernsichten auf Ebenen und Berge, auf Flüsse und das Meer gestellt sind. Dies ist eine Sache unmittelbarer Erfahrung, eine psychologische Tatsache, welche im Volksglauben und der religiösen Literatur eines jeden Zeitalters und Landes festgehalten worden ist, in der Malerei jedoch nicht.

Wenn wir die verschiedenen Kulturen überblicken, sehen wir, daß eine Landschaftsmalerei nicht oder nur in Ansätzen vorhanden oder eine sehr junge Erscheinung ist. In Europa gibt es eine vollerblühte Kunst der Landschaftsmalerei erst seit vier oder fünf Jahrhunderten, in China nicht länger als ein Jahrtausend, in Indien gab es sie, praktisch genommen, nie.

Das ist eine merkwürdige Tatsache, die eine Erklärung verlangt. Warum haben Landschaften in die visionäre Literatur einer Epoche und einer Kultur Eingang gefunden, nicht aber in deren Malerei? So gestellt, liefert die Frage selber die beste Antwort. Die Menschen begnügen sich vielleicht damit, dieser Seite ihres visionären Erlebens in Worten Ausdruck zu geben, und fühlen keine Notwendigkeit, sie ins Malerische umzusetzen.

Daß dies bei einzelnen Menschen oft so ist, steht fest. Blake zum Beispiel sah visionäre Landschaften »über alles hinaus deutlich, was die sterbliche und vergängliche Natur hervorbringen kann« und

»unendlich vollkommener und bis ins kleinste organisierter als etwas von einem sterblichen Auge Erblicktes«. Hier die Beschreibung einer solchen visionären Landschaft, die Blake auf einer von Mrs. Aders' Abendgesellschaften gab: »Unlängst kam ich auf einem Abendspaziergang zu einer Wiese, und in ihrem entfernten Winkel sah ich eine Schafherde. Als ich näherkam, wurde der Erdboden bunt von Blumen, und die Weidenhürde und ihre wolligen Bewohner waren von einer köstlichen pastoralen Schönheit. Doch als ich abermals hinblickte, erwies sie sich als keine lebende Herde, sondern als schönes Bildhauerwerk.«

In Malfarben wiedergegeben, sähe diese Vision vermutlich aus wie eine unwahrscheinlich schöne Mischung aus einer der frischesten Ölskizzen von Constable und einem Tierbild im magisch-realistischen Stil von Zurbarans *Lamm mit Heiligenschein*, das sich jetzt im Museum von San Diego befindet. Aber Blake schuf nie irgend etwas, das auch nur im entferntesten einem solchen Gemälde ähnelte. Er begnügte sich damit, von seinen Landschaftsvisionen zu reden und zu schreiben und sich in seiner Malerei auf »die Cherubim« zu konzentrieren.

Was bei einem einzelnen Künstler zutrifft, kann auf eine ganze Schule zutreffen. Es gibt eine Menge Dinge, welche die Menschen erleben, aber nicht auszudrücken belieben; oder sie versuchen zwar, was sie erlebt haben, auszudrücken, aber nur in einer einzigen Kunstgattung. In andern Fällen wieder drücken sie sich auf eine Weise aus, welche keine unmittelbar erkennbare Verwandtschaft mit dem ursprünglichen Erlebnis zeigt. In diesem Zusammenhang hat Dr. A. K. Coomaraswamy einiges Interessante über die mystische Kunst des Fernen Ostens zu sagen – die Kunst, in der sich »Begriffsinhalt und Begriffsumfang nicht trennen lassen« und »kein Unterschied zwischen dem, was ein Ding ›ist‹ und dem, was es ›bedeutet‹, empfunden wird«.

Das hervorragendste Beispiel solcher mystischer Kunst ist die vom Zen inspirierte Landschaftsmalerei, welche in China während der Sung-Zeit entstand und vier Jahrhunderte später in Japan eine Wiedergeburt erlebte. Indien und der Mittlere Osten haben keine mystische Landschaftsmalerei. Aber sie haben deren Äquivalente – »Vaisnava-Malerei, -Dichtkunst und -Musik, deren Thema die geschlechtliche Liebe ist, in Indien; und die dem Lob des Rausches gewidmete Dichtung und Musik der Sufi in Persien«.[5]

Das Bett ist, wie das italienische Sprichwort kurz und treffend sagt, die Oper der Armen. Entsprechend ist Geschlechtsgenuß das Sung der Hindu, der Wein der Impressionismus der Perser. Der Grund ist natürlich der, daß das Erlebnis geschlechtlicher Vereinigung und das Erlebnis des Rausches teilhaben an jener wesentlichen Andersheit, die für alle Visionen einschließlich solcher von Landschaften charakteristisch ist.

Wenn irgendwann Menschen Befriedigung in einer bestimmten Art von Tätigkeit gefunden haben, läßt sich annehmen, daß es in Zeiten, für welche diese befriedigende Tätigkeit nicht nachweisbar ist, etwas ihr Gleichwertiges gegeben haben muß. Im Mittelalter zum Beispiel waren die Menschen auf eine besessene, eine fast manische Weise mit Wörtern und Symbolen beschäftigt. Ein jedes Ding in der Natur wurde sogleich als die konkrete Veranschaulichung irgendeiner Vorstellung erkannt, welche in einem der allgemein für heilig gehaltenen Bücher oder in einer solchen Legende formuliert worden war.

Und doch haben in andern Geschichtsepochen die Menschen eine tiefe Befriedigung in der Erkenntnis des selbstherrlichen Andersseins der Natur, einschließlich vieler Seiten der menschlichen, gefunden. Das Erlebnis dieses Andersseins wurde in Begriffen der Kunst, der Religion oder der Wissenschaft ausgedrückt. Was entsprach im Mittelalter Constable und der Ökologie, Vögelbeobachten und Eleusis, der Mikroskopie und den Dionysosriten und dem japanischen *haiku*? Es war vermutlich in saturnalischen Orgien am einen Ende der Skala und im mystischen Erlebnis am andern zu finden. Fastnachten, Maifeiern, Karnevale – sie gestatteten ein unmittelbares Erleben der animalischen Andersheit, welche der persönlichen und sozialen Identität zugrunde liegt. Eingegossene Kontemplation offenbarte die noch andre Andersheit des göttlichen Nicht-Selbst. Und irgendwo zwischen den beiden Extremen lagen die Erlebnisse der Visionäre und die Visionen herbeiführenden Künste, mittels

[5] A. K. Coomaraswamy, *The Transformation of Nature in Art*, Cambridge (Mass.), 1935, S. 40.

welcher man danach trachtete, jene Erlebnisse wiederzuerlangen und nachzuerschaffen, – die Künste des Juweliers, des Glasmalers, des Gobelinwebers, des Malers, Dichters und Musikers.

Trotz einer Naturgeschichte, welche nichts andres war als eine Reihe öder moralistischer Symbole, und einer Theologie, welche, statt Wörter als Zeichen für Dinge zu betrachten, Dinge und Ereignisse als Zeichen für biblische oder aristotelische Worte behandelte, blieben unsre Vorfahren bei relativ gesundem Verstand. Und sie brachten das dadurch fertig, daß sie zeitweilig aus dem erstickenden Gefängnis ihrer großsprecherisch rationalistischen Philosophie, ihrer anthropomorphen, autoritären und nichtexperimentellen Wissenschaft, ihrer allzu ausdrücklichen Religion in nichtverbale, andre als menschliche Welten ausbrachen, in von ihren Instinkten, von der visionären Fauna der Antipoden der Psyche und, jenseits und doch innerhalb alles übrigen, vom immanenten Geist bewohnte.

Nach dieser weitausgereifenden, aber notwendigen Abschweifung wollen wir zu dem besondern Fall, von dem wir ausgingen, zurückkehren. Landschaften sind, wie wir gesehn haben, ein regelmäßiges Merkmal visionären Erlebens. Beschreibungen visionärer Landschaften kommen in den alten Literaturen, in der Volksüberlieferung und der Religion vor; Gemälde von Landschaften aber tauchen erst in vergleichsweise neuerer Zeit auf. Dem erklärungshalber über psychische Äquivalente Gesagten möchte ich ein paar kurze Bemerkungen über das Wesen der Landschaftsmalerei als einer Visionen herbeiführenden Kunst hinzufügen.

Beginnen wir mit einer Frage. Welche Landschaften – oder allgemeiner, welche Darstellungen natürlicher Gegenstände – wirken am meisten entrückend, sind an sich am meisten imstande, Visionen herbeizuführen? Im Licht meiner eignen Erfahrung und dessen, was ich andre über ihre Reaktionen auf Kunstwerke habe sagen hören, will ich eine Antwort wagen. Unter sonst gleichen Bedingungen (denn nichts vermag Mangel an Talent auszugleichen) sind die am meisten entrückenden Landschaften erstens diejenigen, die natürliche Objekte in sehr weiter Ferne darstellen, und zweitens solche, die sie in großer Nähe darstellen. »Entfernung leiht Verzauberung dem Blick«; das aber tut auch Nähe. Ein Sung-Gemälde ferner

Berge, Wolken und Wildbäche wirkt entrückend; aber so wirken auch Nahansichten von tropischem Laub in den Dschungeln des Zöllners Rousseau. Wenn ich auf die Sung-Landschaft blicke, werde ich (oder eins meiner Nicht-Ich) an die Felszacken, an die grenzenlos weiten Ebenen, die leuchtenden Himmel und Meere der Antipoden der Psyche gemahnt. Und dieses Entschwinden in Nebel und Wolken, dieses plötzliche Auftauchen einer seltsamen, intensiv bestimmten Form, eines verwitterten Felsblocks zum Beispiel, eines uralten, von jahrelangem Ringen mit dem Wind verkrümmten Nadelbaums – auch diese können entrückend wirken; denn sie gemahnen mich, bewußt oder unbewußt, an die wesentliche Fremdheit und Unerklärlichkeit der Jenseitswelt.

Ebenso ist es mit einer Nahansicht, einer »Großaufnahme«. Ich blicke auf diese Blätter mit ihrer Struktur von Adern, ihren Streifen und Flecken, ich spähe in die Tiefen verwobenen Grüns, und etwas in mir wird an jene lebendigen Muster gemahnt, die so charakteristisch sind für die visionäre Welt, an jenes unaufhörliche Geborenwerden und Sichvermehren geometrischer Figuren, welche zu Formen werden, an Dinge, die sich immerfort in andre Dinge verwandeln.

So wie diese gemalten Großaufnahmen eines Dschungels sieht unter einem ihrer Aspekte die Jenseitswelt aus, und daher entrückt mich das Bild, es bewirkt, daß ich es mit Augen sehe, welche ein Kunstwerk in etwas andres, etwas jenseits aller Kunst verwandeln.

Ich erinnere mich – sehr lebhaft, wenngleich es vor vielen Jahren stattfand – eines Gesprächs mit dem Kunstkritiker Roger Fry. Wir sprachen über Monets *Seerosen.* Sie hätten kein Recht, dabei beharrte Roger, so schockierend unorganisiert zu sein, so völlig eines ordentlichen kompositorischen Gerüsts zu entbehren. Sie seien, künstlerisch gesprochen, ganz unrichtig. Und doch, mußte er zugeben, und doch ... Und doch wirkten sie, wie ich heute sagen würde, entrückend. Ein Künstler von erstaunlichem Können hatte eine Großaufnahme natürlicher Gegenstände gemalt, gesehn in ihrem eigenen Zusammenhang und ohne Beziehung auf bloß menschliche Vorstellungen davon, wie die Dinge sind oder sein sollten. Der Mensch, so sagen wir gern, ist das Maß aller Dinge. Für Monet waren hier Seerosen das Maß von Seerosen; und so malte er sie.

Derselbe nichtmenschliche Blickpunkt muß von einem Künstler eingenommen werden, welcher versucht, die Ferne wiederzugeben. Wie winzig sind auf dem chinesischen Gemälde die Reisenden auf ihrem Weg durch das Tal! Wie gebrechlich die Bambushütte auf dem Abhang über ihnen! Und die ganze übrige ungeheure Landschaft ist Leere und Schweigen. Diese Offenbarung der Wildnis, die ihr Leben gemäß den Gesetzen ihres eigenen Seins lebt, entrückt den Geist gegen seine Antipoden hin; denn die urweltliche Natur hat eine seltsame Ähnlichkeit mit jener inneren Welt, wo unsre persönlichen Wünsche oder sogar die ewigen Anliegen der Menschheit als Ganzen unberücksichtigt bleiben.

Nur der Mittelgrund und, was man den entfernteren Vordergrund nennen könnte, sind, streng genommen, menschlich. Sobald wir in große Nähe oder große Ferne blicken, verschwindet der Mensch ganz und gar oder verliert seinen Vorrang. Der Astronom blickt in sogar noch weitere Fernen als der Sung-Maler und sieht sogar noch weniger vom menschlichen Leben. Am andern Ende der Skala befassen sich der Physiker, der Chemiker, der Physiolog mit dem Nahbild – der Großaufnahme der Zelle, des Moleküls, des Atoms, des Subatoms. Und von dem, was auf fünf Schritte Entfernung, ja sogar auf Armeslänge wie ein Menschenwesen aussah und sich anhörte, verbleibt keine Spur.

Etwas Ähnliches widerfährt dem kurzsichtigen Künstler und dem glücklich Liebenden. In der vermählenden Umarmung zerschmilzt die Persönlichkeit; das Einzelwesen (dies ist das immer wiederkehrende Thema der Gedichte und Romane von D. H. Lawrence) hört auf, es selbst zu sein und wird Teil des riesigen unpersönlichen Weltalls.

Und so ist es auch mit dem Maler, dem es beliebt, seine Augen auf die nächste Nähe zu richten. In seinem Werk verliert die Menschheit ihre Wichtigkeit, ja verschwindet daraus. Wir werden aufgefordert, statt »des Menschen, des stolzen Menschen, der seine tollen Possen vor dem hohen Himmel treibt«, die Lilien zu sehen, über die unirdische Schönheit »bloßer Dinge« zu meditieren, wenn sie aus ihrem von Nützlichkeit bedingten Zusammenhang gelöst und so, wie sie sind, an sich und für sich wiedergegeben werden.

Alternativ (oder, in einem früheren Stadium künstlerischer Entwicklung, ausschließlich) wird die nichtmenschliche Welt der nächsten Nähe in Mustern wiedergegeben. Diese Muster sind meistenteils von Blättern und Blüten abstrahiert – von der Rose, der Lotusblume, dem Akanthus, der Palme, dem Papyrus – und sind mit ihren Wiederholungen und Variationen zu etwas verarbeitet, das entrückend an die lebendige Geometrie der Jenseitswelt gemahnt.

Freiere und realistischere Behandlungen der Natur der nächsten Nähe treten in einer verhältnismäßig späten Zeit auf – aber viel früher als jene Behandlungen von Fernsichten, denen allein (und irrtümlich) wir den Namen Landschaftsmalerei geben. Rom zum Beispiel hatte seine »Großaufnahmen« von Landschaften; das Fresko eines Gartens, welches einst ein Zimmer in Livias Villa schmückte, ist ein prachtvolles Beispiel dieser Kunstform.

Aus theologischen Gründen mußte sich der Islam größtenteils mit Arabesken bescheiden – üppig wuchernden und (wie in Visionen) beständig wechselnden Mustern, die auf natürlichen, aus nächster Nähe gesehenen Dingen beruhten. Aber sogar im Islam war die echte Landschaftsnahaufnahme nicht unbekannt. Nichts vermag an Schönheit und Visionen herbeiführender Macht die Mosaiken von Gärten und Gebäuden in der großen omajadischen Moschee von Damaskus zu übertreffen.

Im mittelalterlichen Europa waren, ungeachtet der vorherrschenden Manie, jedes Gegebene in einen Begriff, jede unmitelbare Erfahrung in ein bloßes Symbol für etwas in einem Buch zu verwandeln, realistische Nahbilder von Laubwerk und Blumen ziemlich häufig. Wir finden sie in die Kapitäle gotischer Pfeiler gemeißelt. Wir finden sie in gemalten Jagdszenen – Gemälden, deren Sujet diese immer gegenwärtige Tatsache mittelalterlichen Lebens ist: der Wald, wie ihn der Jäger oder der verirrte Wanderer in seiner ganzen verwirrenden Verschlungenheit der Einzelheiten des Laubwerks sieht.

Die Fresken im Palast der Päpste zu Avignon sind fast die einzigen Überbleibsel dessen, was zur Zeit Chaucers eine weitverbreitete Form weltlicher Kunst war. Ein Jahrhundert später erreichte diese Kunst, den aus nächster Nähe gesehenen Wald darzustellen, ihre selbstbewußte höchste Vollendung in so herrlichen und magischen Werken wie Pisanellos *Sankt Hubertus* und Paolo Uccellos *Jagd in einem Wald*, jetzt im Ashmolean-Museum in Oxford. Den Wandmalereien von Waldnahsichten eng verwandt waren die Wandbehänge, mit denen die reichen Leute Nordeuropas ihre Häuser schmückten. Die besten von ihnen sind Visionen hervorrufende Werke höchster Ordnung. Auf ihre Weise sind sie so himmlisch, gemahnen sie so machtvoll daran, was bei den Antipoden der Psyche vorgeht, wie die großen Meisterwerke der Landschaftsmalerei weitester Fernen – die Sung-Berge in ihrer ungeheuern Einsamkeit; die nimmer endenden lieblichen Ming-Flüsse; die blaue Voralpenwelt tizianischer Fernen; das England Constables; das Italien eines Turner und eines Corot; die Provence eines Cézanne und van Gogh; die Ile de France Sisleys und Vuillards.

Vuillard war übrigens ein unübertroffener Meister sowohl des entrückenden Nahbilds als auch der entrückenden Fernsicht. Seine Bourgeois-Interieurs sind Meisterwerke Visionen hervorrufender Kunst, mit welchen verglichen die Werke so bewußter und sozusagen berufsmäßiger Visionäre wie Blake und Odilon Redon als äußerst schwach erscheinen.

In Vuillards Interieurs ist jede Einzelheit, und sei sie noch so trivial, ja noch so häßlich – das Tapetenmuster aus den Neunzigerjahren, die Nippes im Jugendstil, der Brüsseler Teppich – als ein lebendiges Juwel gesehn und wiedergegeben; und alle diese Juwelen sind harmonisch zu einem Ganzen verbunden, welches hinwieder ein Geschmeide einer noch höheren Ordnung visionärer Intensität ist. Und wenn die der oberen Mittelklasse angehörenden Bewohner von Vuillards Neuem Jerusalem einen Spaziergang machen, befinden sie sich nicht, wie sie angenommen hatten, im Departement Seine et Oise, sondern im Garten Eden, in einer Jenseitswelt, die zwar wesentlich dieselbe wie diese unsere Welt, aber verklärt und daher entrückt ist.[6]

Ich habe bisher nur von dem beglückenden visionären Erlebnis und seiner Auslegung in Begriffen der Theologie, seiner Übertragung in die Kunst gesprochen. Aber visionäres Erleben ist nicht immer be-

[6] Siehe Anhang V.

glückend. Es kann manchmal schrecklich sein. Es gibt auch eine Hölle, nicht nur einen Himmel.

Wie der Himmel, so hat auch die visionäre Hölle ihr übernatürliches Licht und ihre übernatürliche Bedeutsamkeit. Aber die Bedeutsamkeit ist an und für sich entsetzlich, und das Licht ist »das rauchige Licht« des *Tibetanischen Totenbuchs*, die »sichtbare Finsternis« Miltons. In dem *Journal d'une Schizophrène*[7], dem autobiographischen Bericht eines jungen Mädchens über eine durchgemachte Geistesstörung, wird die Welt der Schizophrenen *le Pays d'Éclairement* genannt – »das Land des Erhelltseins«. Es ist ein Name, welchen ein Mystiker gebraucht haben könnte, um seinen Himmel zu bezeichnen.

Für die arme Renée aber, die Schizophrene, ist es ein höllisches Erhelltsein – eine heftige elektrische Grelle ohne einen Schatten, überall und unbarmherzig. Alles, was für den gesunden Visionär eine Quelle der Seligkeit ist, bringt der armen Renée nur Angst und ein albtraumartiges Gefühl von Unwirklichkeit. Der Sommersonnenschein ist bösartig; das Schimmern polierter Oberflächen gemahnt nicht an Edelsteine, sondern an Maschinen und emailliertes Blech; die Intensität seines Daseins, welche jeden aus nächster Nähe und außerhalb seines zweckmäßigen Zusammenhangs gesehenen Gegenstand belebt, wird als etwas Drohendes empfunden.

Und dann noch das Grauen vor der Unendlichkeit! Für den gesunden Visionär ist die Wahrnehmung des Unendlichen in einem endlichen Besondern eine Offenbarung göttlicher Immanenz; für eine Renée war sie eine Offenbarung dessen, was sie »das System« nennt: des riesigen kosmischen Mechanismus, welcher nur dazu da ist, Schuld und Strafe, Einsamkeit und Unwirklichkeit hervorzumahlen.[8]

Geistesgesundheit ist etwas Relatives, und es gibt hübsch viele Visionäre, welche die Welt sehen, wie Renée sie sah, und es dennoch mehr oder weniger zuwege bringen, außerhalb der Irrenanstalt zu leben. Für sie, wie für den positiven Visionär, ist das Weltall verwandelt – aber zum Schlechteren. Alles darin, von den Sternen am Himmel bis zum Staub unter den Füßen, ist unaussprechlich dro-

[7] *Journal d'une Schizophrène,* von M. A. Sèchehaye, Paris, 1950.
[8] Siehe Anhang VI.

hend oder abstoßend; jedes Ereignis ist mit einer hassenswerten Bedeutsamkeit geladen; jeder Gegenstand offenbart die Anwesenheit eines unendlichen, allmächtigen, ewigen innewohnenden Grauens.

Diese negativ verwandelte Welt hat von Zeit zu Zeit Eingang in die Literatur und die Künste gefunden. Sie zuckt und droht in van Goghs späten Landschaften; sie ist Szene und Thema aller Erzählungen Kafkas; sie war Géricaults geistige Heimat[9]; sie wurde von Goya während der Jahre seiner Taubheit und Einsamkeit bewohnt; sie wurde flüchtig von Browning erblickt, als er *Childe Roland* schrieb; sie hat, gegenüber den Theophanien, ihren Platz in Charles Williams' Romanen.

Das negative visionäre Erlebnis ist oft von körperlichen Empfindungen einer sehr besondern und charakteristischen Art begleitet. Seligkeit spendende Visionen sind im allgemeinen mit einem Gefühl der Trennung vom Körper verbunden, einem Gefühl der Entindividualisierung. (Es ist zweifellos dieses Gefühl der Entselbstung, das gewissen, den Peyote-Kult treibenden Indianern ermöglicht, die Droge nicht bloß als Abkürzungsweg in die visionäre Welt zu benützen, sondern auch, um ein liebevolles Zusammenhalten in der teilnehmenden Gruppe zu wecken.) Wenn das visionäre Erlebnis schrecklich und die Welt zum Schlechteren verwandelt ist, wird die Individualisierung verstärkt, und der negative Visionär sieht sich mit einem Körper verbunden, welcher immer dichter zu werden scheint, immer angestopfter, bis er sich endlich darauf beschränkt fühlt, das qualvolle Bewußtsein eines eingedickten Klumpens Materie zu sein, nicht größer als ein Stein, welcher zwischen beiden Händen gehalten werden kann.

Es ist bemerkenswert, daß viele der in den verschiedenen Berichten über die Hölle beschriebenen Strafen in einem Gedrückt- und Gezwängtwerden bestehn. Dantes Sünder sind im Schlamm begraben, in Baumstämme eingesperrt, in Eisblöcken festgefroren, von Steinen zermalmt. Das *Inferno* ist psychologisch wahr. Viele seiner Qualen werden von Schizophrenen erlebt und auch von denjenigen, die Meskalin oder Lysergsäure unter ungünstigen Bedingungen zu sich genommen haben.[10]

[9] Siehe Anhang VII.
[10] Siehe Anhang VIII.

Welcher Art sind diese ungünstigen Bedingungen? Wieso und warum wird der Himmel in die Hölle verwandelt? In gewissen Fällen hat das negative visionäre Erlebnis vorwiegend physische Ursachen. Meskalin sammelt sich, nachdem es eingenommen wurde, in der Leber an. Ist die Leber krank, fühlt sich die mit ihr verbundene Psyche in der Hölle. Was jedoch für unsre gegenwärtigen Zwecke noch wichtiger ist – das negative visionäre Erleben kann durch psychische Mittel herbeigeführt werden. Furcht und Zorn versperren den Weg zur himmlischen Jenseitswelt und stürzen den Meskalinnehmenden in die Hölle.

Und was auf den Meskalinnehmenden zutrifft, trifft auch auf Personen zu, welche spontan oder in der Hypnose Visionen haben. Auf diesem psychischen Nährboden wurde die theologische Doktrin vom rettenden Glauben gezüchtet, eine Lehre, welche man in allen großen religiösen Überlieferungen der Welt antrifft. Eschatologen haben es immer schwer gefunden, ihre Vernunft und ihr Sittlichkeitsgefühl mit den nackten Tatsachen psychologischer Erfahrung zu vereinbaren. Als Rationalisten und Moralisten fühlen sie, daß gutes Betragen belohnt werden sollte und die Tugendhaften es verdienen, in den Himmel zu kommen. Als Psychologen aber wissen sie, daß Tugendhaftigkeit nicht die einzige oder genügende Vorbedingung seligen visionären Erlebens ist. Sie wissen, Werke allein sind machtlos, und nur der Glaube oder liebendes Vertrauen gewährleisten, daß das visionäre Erlebnis beseligend sein wird.

Negative Gefühle – Furcht, welche das Nichtvorhandensein von Vertrauen ist, Haß, Zorn oder Bosheit, welche Liebe ausschließen – sind die Gewähr dafür, daß das visionäre Erlebnis, wenn und wann es kommt, entsetzlich sein wird. Der Pharisäer ist ein tugendhafter Mensch, aber seine Tugendhaftigkeit ist von der Art, die sich mit negativem Gefühl verträgt. Seine visionären Erlebnisse werden daher wahrscheinlicher eher höllisch als himmlisch sein.

Die Seele ist so beschaffen, daß dem Sünder, der bereut und einen Akt des Glaubens an eine höhere Macht vollzieht, wahrscheinlicher ein seliges visionäres Erlebnis zuteil wird als der selbstzufriedenen Stütze der Gesellschaft mit ihrer rechtschaffenen Entrüstung, ihrer Besorgtheit um Besitztümer und Prätentionen, ihren eingefleischten Gewohnheiten zu tadeln, zu verachten und zu verurteilen. Daher die ungeheure, in allen religiösen Überlieferungen dem Zustand der Seele im Augenblick des Todes beigelegte Bedeutung.

Visionäres Erleben ist nicht dasselbe wie mystisches Erleben. Mystisches Erleben liegt jenseits des Bereichs der Gegensätze. Visionäres Erleben spielt sich noch immer innerhalb dieses Bereichs ab. Der Himmel bedingt die Hölle, und »in den Himmel zu kommen« ist ebensowenig Befreiung wie der Abstieg ins Grauenhafte. Der Himmel ist bloß ein Aussichtspunkt, von welchem der göttliche Urgrund klarer geschaut werden kann als auf der Ebene gewöhnlicher, individualisierter Existenz.

Falls das Bewußtsein den körperlichen Tod überlebt, überlebt es ihn vermutlich auf jeder geistigen Ebene – der des mystischen Erlebens, der des himmlisch oder höllisch visionären Erlebens und auf der Ebene alltäglicher individueller Existenz.

Im Leben neigt sogar das himmlisch visionäre Erlebnis dazu, sein Vorzeichen zu ändern, wenn es zu lange währt. Viele Schizophrene haben ihre Zeiten himmlischer Glückseligkeit; aber da sie (im Gegensatz zum Meskalinnehmenden) nicht wissen, wann, wenn überhaupt, ihnen erlaubt sein wird, zu der beruhigenden Banalität des Alltagserlebens zurückzukehren, scheint ihnen sogar der Himmel entsetzlich zu sein. Für diejenigen aber, die aus irgendeinem Grund Entsetzen verspüren, verwandelt sich der Himmel in die Hölle, Seligkeit in Grauen, das Klare Licht in die verhaßte Grelle des »Landes des Erhelltseins«.

Etwas dergleichen geschieht vielleicht im postumen Zustand. Nachdem sie einen flüchtigen Blick auf die unerträgliche Herrlichkeit der letzten Wirklichkeit getan haben und dann zwischen Himmel und Hölle hin- und hergependelt sind, finden es die meisten Seelen möglich, sich in jene beruhigendere Region des Geistes zurückzuziehen, wo sie ihre eignen und andrer Leute Wünsche, Erinnerungen und Einbildungen dazu benützen können, sich eine Welt zusammenzubauen, welche derjenigen, in der sie auf Erden lebten, sehr ähnlich ist.

Von den Menschen, die sterben, ist bloß eine unendlich kleine Minderheit einer unverzüglichen Vereinigung mit dem göttlichen Urgrund fähig, einige wenige sind imstande, die visionäre Seligkeit des Himmels zu ertragen, einige wenige finden sich in den visionären Schrecken der Hölle wieder und vermögen nicht, ihnen zu entkommen, und die große Mehrheit endet schließlich in der Art von Welt, die von Swedenborg und spiritistischen Medien beschrieben wird. Es ist gewiß möglich, wenn die nötigen Bedingungen erfüllt sind, aus dieser Welt in Welten visionärer Seligkeit oder endgültiger Erleuchtung überzugehn.

Nach meiner Vermutung haben moderner Spiritismus und uralte Tradition beide recht. Es *gibt* einen postumen Zustand von der Art, die Sir Oliver Lodge in seinem Buch *Raymond* beschrieben hat; es gibt aber auch einen Himmel seligen visionären Erlebens; es gibt auch eine Hölle solchen grauenhaften visionären Erlebens, wie sie schon hier von Schizophrenen und von einigen der Meskalinnehmenden durchlitten wird; und es gibt auch, jenseits aller Zeit, ein Erleben der Vereinung mit dem göttlichen Urgrund.

Anhang

I

Zwei andere, weniger wirksame Hilfen zu visionärem Erleben verdienen erwähnt zu werden – Kohlendioxyd und das Stroboskop. Eine (völlig ungiftige) Mischung von sieben Teilen Sauerstoff und drei Teilen Kohlensäure ruft bei einem Menschen, der sie einatmet, gewisse körperliche und seelische Veränderungen hervor, welche ausführlich von Meduna beschrieben worden sind. Unter diesen Veränderungen ist die in unserm Zusammenhang wichtigste eine deutliche Steigerung der Fähigkeit, mit geschlossenen Augen »allerlei zu sehen«. In manchen Fällen werden nur Wirbel von musterartig angeordneten Farben gesehen. In andern kann es zu lebhaften Erinnerungen an frühere Erlebnisse kommen. (Daher der Wert von CO_2 als Heilmittel.) In andern Fällen wieder entrückt Kohlensäure einen Menschen in die Jenseitswelt, zu den Antipoden seines Alltagsbewußtseins, und er wird sehr kurze Erlebnisse haben, welchen jeder Zusammenhang mit seiner eigenen persönlichen Geschichte oder mit den Problemen der Menschheit im allgemeinen fehlt.

Im Licht dieser Tatsachen wird das Vernünftige der Atemübungen des Joga leicht verständlich. Systematisch betrieben, haben diese Atemübungen nach einiger Zeit immer längere Unterbrechungen des Atmens zum Ergebnis. Diese aber führen zu einer höheren Konzentration von Kohlensäure in der Lunge und im Blut, und diese wieder vermindert die Leistungsfähigkeit des Gehirns als eines Filters oder Reduktionsventils und gestattet den Eintritt visionärer und mystischer Erlebnisse von »dort draußen« ins Bewußtsein. Lange fortgesetztes und ununterbrochenes Schreien oder Singen kann gleiche, aber weniger ausgeprägte Ergebnisse bringen. Wenn Sänger nicht sehr geschult sind, neigen sie dazu, mehr auszuatmen als sie einatmen. Dadurch wird die Konzentration von Kohlendioxyd in der Mundhöhle und im Blut erhöht, und da die Leistungsfähigkeit des zerebralen Reduktionsventils herabgesetzt ist, wird visionäres Erleben möglich. Daher die unaufhörlichen »eitlen Wiederholungen« der Magie und Religion; der Singsang des *curandero*, des Medizinmanns, des Schamanen; das endlose Singen von Psalmen und Intonieren von Sutren christlicher und buddhistischer Mönche; das stundenlange Schreien und Heulen der Wiedererwekker – aber unterhalb all der Verschiedenheiten theologischen Glaubens und ästhetischer Konvention bleibt die psycho-chemisch-physiologische Absicht dieselbe. Die Konzentration von CO_2 in der Lunge und im Blut zu erhöhen und so die Wirksamkeit des zerebralen Reduktionsventils zu verringern, bis es biologisch Wertloses aus dem »Geist als Ganzem« einläßt – das war, obgleich die Schreier, Sänger und Murmler es nicht wußten, allezeit der wahre Zweck und Sinn magischer Zauberformeln, der *mantrams*, Litaneien, Psalmen und Sutren. »Das Herz«, sagt Pascal, »hat seine Gründe.« Noch zwingender und noch schwerer zu entwirren aber sind die Gründe der Lunge, des Bluts und der Enzyme, der Neuronen und Synapsen. Der Weg ins Überbewußte führt durch das Unterbewußte, und der Weg oder zumindest einer der Wege zum Unterbewußten führt durch die chemischen Vorgänge in den einzelnen Zellen.

Mit der stroboskopischen Lampe steigen wir aus der Chemie in das noch elementarere Bereich der Physik hinab. Ihr rhythmisch aufblinkendes Licht scheint durch die Sehnerven unmittelbar auf die elektrischen Erscheinungen der Gehirntätigkeit einzuwirken. (Aus diesem Grund bringt der Gebrauch des Stroboskops immer eine leichte Gefahr mit sich. Manche Menschen leiden an der »Hinfallenden«, ohne sich dessen durch irgendwelche deutlich ausgeprägte und unverkennbare Symptome bewußt zu sein. Einem Stroboskop ausgesetzt, können solche Menschen einen ausgewachsenen epileptischen Anfall bekommen. Die Gefahr ist nicht sehr groß; aber es muß immer mit ihr gerechnet werden. Ein Fall unter achtzig kann schlecht ausgehn.)

Mit geschlossenen Augen vor einem Stroboskop zu sitzen, ist ein sehr seltsames und fesselndes Erlebnis. Kaum ist die Lampe eingeschaltet, werden Muster in den leuchtendsten Farben sichtbar. Diese Muster stehn nicht still, sondern wechseln unaufhörlich. Ihre vorherrschende Farbe ist eine Funktion der Geschwindigkeit, mit der die Lampe aufleuchtet. Wenn die Lampe zehn- bis vierzehn- oder fünfzehnmal in der Sekunde aufblinkt, sind die Muster vorwiegend orangenfarben und rot. Grün und Blau erscheinen, wenn die Geschwindigkeit fünfzehnmaliges Blinken in der Sekunde übersteigt. Über achtzehn- oder neunzehnmal hinaus werden die Muster weiß oder grau. Der genaue Grund, daß wir solche Muster im Stroboskop sehen, ist nicht bekannt. Die nächstliegende Erklärung wäre die Interferenz von zwei oder mehr Rhythmen – dem der Lampe und den verschiedenen Rhythmen der elektrischen Gehirntätigkeit. Solche Interferenzen werden vielleicht durch das Sehzentrum und die Sehnerven in etwas verwandelt, dessen sich der Geist als eines farbigen, sich bewegenden Musters bewußt wird. Viel schwerer zu erklären ist die von mehreren Versuchsleitern unabhängig voneinander beobachtete Tatsache, daß das Stroboskop die durch Meskalin oder Lysergsäure hervorgerufenen Visionen gewöhnlich bereichert und verstärkt. Hier folge zum Beispiel ein mir von einem befreundeten Arzt mitgeteilter Fall. Er hatte Lysergsäure genommen und sah mit geschlossenen Augen nur farbige, sich bewegende Muster. Dann setzte er sich vor ein Stroboskop. Die Lampe wurde eingeschaltet, und sogleich verwandelte sich abstrakte Geometrie in etwas, das mein Freund als »japanische Landschaften« von überragender Schönheit beschrieb. Aber wie in aller Welt kann die Interferenz zweier Rhythmen eine Anordnung elektrischer Impulse hervorrufen, welche als eine lebendige, sich von selbst verwandelnde, von übernatürlichem Licht und Farbe durchflutete und von übernatürlicher Bedeutsamkeit erfüllte japanische Landschaft deutbar ist und nichts gleicht, was der Betreffende je gesehen hat?

Dieses Geheimnis ist bloß ein besondrer Fall eines größern, umfassenderen Geheimnisses – des Wesens der Beziehungen zwischen visionärem Erleben und Vorgängen auf der Ebene der Zellchemie und Elektrizität. Indem Penfield gewisse Partien des Gehirns mit einer sehr dünnen Elektrode berührte, war er imstande, eine lange Kette von Erinnerungen, die sich auf ein Erlebnis in der Vergangenheit bezogen, wieder hervorzurufen. Diese Erinnerungen waren nicht nur in jeder wahrnehmbaren Einzelheit genau; sie waren auch von allen den Gefühlen begleitet, die von den Ereignissen, als sie ursprünglich eintraten, ausgelöst worden waren. Der Patient, der sich unter Lokalanästhesie befand, fühlte sich gleichzeitig an zwei Orten und in zwei Zeiten – im Operationssaal, jetzt, und daheim, in seiner Kindheit, Hunderte von Kilometern und Tausende von Tagen weit weg. Gibt es, so fragt man sich da, eine Gehirnpartie, aus der die sondierende Elektrode Blakes Cherubim oder Weir Mitchells sich verwandelnden, mit lebendigen Edelsteinen besetzten gotischen Turm oder meines Freundes unaussprechlich liebliche japanische Landschaften hervorzulocken vermag? Und wenn, wie ich selbst glaube, visionäre Erlebnisse von irgendwo »dort draußen« im Unendlichen des Geists als Ganzem kommen, welche Art eines neurologischen Musters wird dann von dem empfangenden und übermittelnden Gehirn *ad hoc* für sie geschaffen? Und was geschieht mit diesem *Ad-hoc*-Muster, wenn die Vision vorbei ist? Warum behaupten alle Visionäre, ihre verklärenden Erlebnisse in irgendeiner der ursprünglichen auch nur annähernd ähnlichen Form und Stärke unmöglich wieder herbeirufen zu können? So viele Fragen – und, bisher, so wenige Antworten!

II

In der westlichen Welt sind Visionäre und Mystiker beträchtlich seltener als früher einmal. Dafür gibt es zwei Hauptgründe – einen philosophischen und einen chemischen. In dem heutigen Modebild des Weltalls ist kein Platz für gültige transzendente Erlebnisse. Folglich werden diejenigen, die glauben, gültige transzendente Erlebnisse gehabt zu haben, mit Mißtrauen angesehen, als wären sie entweder Verrückte oder Schwindler. Ein Mystiker oder Visionär zu sein, ist heutzutage nichts Rühmliches mehr.

Aber nicht nur unser geistiges Klima ist dem Visionär und dem Mystiker ungünstig; auch unsre chemische Umwelt – eine gründlich von jener verschiedene, in der unsre Vorfahren lebten.

Das Gehirn wird chemisch gelenkt, und die Erfahrung hat gezeigt, daß es für die (biologisch gesprochen) überflüssigen Seiten des Geistes als Ganzem dadurch durchlässig gemacht werden kann, daß man die (biologisch gesprochen) normalen chemischen Vorgänge im Körper abändert.

Fast die Hälfte eines jeden Jahrs hindurch aßen unsre Vorfahren kein Obst, kein grünes Gemüse und (da es ihnen unmöglich war, mehr als nur wenige Ochsen, Kühe, Schweine, Hühner und Gänse über die Wintermonate durchzufüttern) nur sehr wenig Butter oder frisches Fleisch und sehr wenige Eier. Wenn dann der Frühling kam, litten die meisten, leichter oder schwerer, am Skorbut, weil in ihrer Nahrung das Vitamin C, und an der Pellagra, weil in ihr der Vitamin-B-Komplex fehlte. Die bedrückenden körperlichen Symptome dieser Krankheiten sind mit nicht weniger bedrückenden seelischen verbunden.[11]

Das Nervensystem ist leichter verletzlich als die andern Gewebe des Körpers; folglich führt Vitaminmangel oft dazu, den Geisteszustand früher zu schädigen, als, zumindest in sehr merkbarem Grad, Haut, Knochen, Schleimhäute, Muskeln und Eingeweide betroffen werden. Das erste Ergebnis einer unzulänglichen Ernährung ist eine Herabsetzung der Leistungsfähigkeit des Gehirns als eines Werkzeugs für biologisches Überleben. Der unterernährte Mensch wird eher für Sorgen, Niedergeschlagenheit, Hypochondrie und Angstgefühle anfällig. Er neigt dazu, Visionen zu haben; denn wenn die Wirksamkeit des zerebralen Reduktionsventils verringert wird, fließt viel (biologisch gesprochen) unnützes Material von »dort draußen« aus dem Geist als Ganzem ins Bewußtsein.

Vieles, was frühere Visionäre erlebten, war schreckenerregend. Um die Sprache der christlichen Theologie zu gebrauchen – der Teufel offenbarte sich in ihren Visionen und Ekstasen beträchtlich häufiger, als Gott dies tat. In einem Zeitalter, in welchem Vitaminmangel und allgemein der Glaube an Satan herrschte, ist das nicht überraschend. Das seelische Elend, das schon mit leichten Fällen von Pellagra und Skorbut verbunden ist, wurde durch Furcht vor Verdammnis und die Überzeugung, daß die Mächte des Bösen allgegenwärtig seien, vertieft. Dieses Elend vermochte leicht, mit seiner eignen, dunklen Färbung das Material der Visionen zu tönen, das ins Bewußtsein durch ein Gehirnventil eingelassen wurde, dessen Wirk-

[11] Siehe *The Biology of Human Starvation* von A. Keys (University of Minnesota Press. 1950); ferner die Arbeitsberichte Dr. George Watsons und seiner Kollegen in Südkalifornien über die Rolle des Vitaminmangels bei Geisteskrankheiten.

samkeit von Unterernährung beeinträchtigt war. Aber trotz ihrer vorwiegenden Beschäftigung mit ewigen Strafen und trotz ihren Mangelkrankheiten sahen spirituell gesinnte Asketen oft den Himmel und mochten sich sogar gelegentlich jenes göttlichen unparteiischen Einen bewußt werden, worin die polaren Gegensätze miteinander ausgesöhnt sind. Für einen flüchtigen Blick auf die Seligkeit, für einen Vorgeschmack einender Erkenntnis schien kein Preis zu hoch zu sein. Abtötung des Leibes kann einen Schwarm unerwünschter psychischer Symptome hervorrufen; aber sie kann auch eine Pforte in eine transzendentale Welt des Seins, der Erkenntnis und der Seligkeit öffnen. Aus diesem Grund haben sich in der Vergangenheit trotz der offenkundigen Nachteile fast alle nach dem spirituellen Leben Strebenden regelrechten Übungskursen in leiblicher Abtötung unterzogen.

Soweit es um Vitamine ging, war im Mittelalter jeder Winter ein langes unfreiwilliges Fasten, und auf diese folgten während der eigentlichen Fastenzeit vierzig Tage freiwilliger Enthaltung. Die Karwoche fand die Gläubigen, was ihre Körperchemie betraf, wunderbar vorbereitet auf die gewaltigen Anreize dieser Jahreszeit zu Gram und Freude und auf ihr gemäße Gewissensreue und selbstüberschreitende Identifizierung mit dem auferstandenen Christus. Zu dieser Jahreszeit höchster religiöser Erregung und niedrigster Vitaminaufnahme waren Ekstasen und Visionen fast etwas Alltägliches. Das war nur zu erwarten.

Für klausurierte Kontemplative gab es alljährlich mehrere Fastenzeiten. Und auch in den Zwischenzeiten war ihr Speisezettel ein äußerst karger. Daher jene qualvollen Zustände der Niedergeschlagenheit, die von so vielen spirituellen Schriftstellern beschrieben werden; daher ihre schrecklichen Versuchungen zu Verzweiflung und Selbstmord. Daher aber auch jene »unverdienten Gnaden« in der Form himmlischer Visionen und Ansprachen, prophetischer Einsichten, telepathischer »Unterscheidungen der Geister«. Und daher schließlich ihre »eingegossene Beschauung«, ihre »dunkle Erkenntnis« des Einen in allem.

Das Fasten war nicht die einzige Form der Abtötung des Leibes, zu der die früheren Aspiranten der Spiritualität griffen. Die meisten von ihnen wendeten regelmäßig die Geißel aus geknoteten

Lederriemen oder sogar Eisendrähten bei sich an. Diese Geißelungen waren das Äquivalent ziemlich ausgedehnter chirurgischer Eingriffe ohne Anästhesie, und ihre Wirkungen auf die chemischen Vorgänge im Körper des Büßers waren beträchtlich. Große Mengen von Histamin und Adrenalin wurden, noch während die Geißel geschwungen wurde, freigesetzt; und sobald die entstandenen Wunden zu eitern begannen (wie das Wunden vor dem Zeitalter der Seife fast immer taten), fanden verschiedene, durch die Zersetzung von Eiweiß entstandene giftige Stoffe ihren Weg in die Blutbahn. Histamin aber ruft Schock hervor, und Schock beeinflußt den Geist nicht weniger stark als den Leib. Überdies können große Mengen von Adrenalin Halluzinationen hervorrufen, und von einigen seiner Zerfallsprodukte weiß man, daß sie Symptome verursachen, welche denen der Schizophrenie ähneln. Was in Wunden entstandene Toxine betrifft, so stören sie die das Gehirn regelnden Enzymsysteme und verringern seine Leistungsfähigkeit als ein Hilfsmittel, um in einer Welt vorwärtszukommen, in welcher nur die biologisch Tüchtigsten überleben. Das mag erklären, warum der Curé d'Ars zu sagen pflegte, daß in den Tagen, als es ihm freistand, sich erbarmungslos zu geißeln, Gott ihm nichts verweigerte. Mit andern Worten, wenn Reue, Selbstekel und Höllenfurcht Adrenalin freisetzen, wenn selbstzugefügte chirurgische Eingriffe Adrenalin und Histamin freisetzen und verunreinigte Wunden zerfallenes Eiweiß ins Blut gelangen lassen, wird die Wirksamkeit des zerebralen Reduktionsventils verringert, und unvertraute Aspekte des Geists als Ganzen (einschließlich der Psi-Phänomene, Visionen und, wenn der betreffende Mensch philosophisch und ethisch darauf vorbereitet ist, mystischen Erlebnisse) fließen ins Bewußtsein des Asketen.

Die vorösterliche Fastenzeit folgte, wie wir gesehen haben, auf lange Zeitspannen unfreiwilligen Fastens. Ähnlich wurden die Wirkungen der Selbstgeißelung in früheren Zeiten durch viel unwillkürliches Absorbieren von zersetztem Eiweiß ergänzt. Zahnheilkunde gab es keine, die Chirurgen waren Henker, und man hatte auch keine sicheren Desinfektionsmittel. Die meisten Menschen müssen daher ihr Leben lang mit Eiterherden behaftet gewesen sein; und Eiterherde können zweifellos die Wirksamkeit des zerebralen Reduktionsventils verringern.

Und die Moral von alledem? Verfechter einer Nichts-Als-Philosophie werden antworten, daß, da Veränderungen der chemischen Vorgänge im Körper dem visionären und mystischen Erleben günstige Bedingungen schaffen können, visionäre und mystische Erlebnisse nicht sein können, was sie zu sein behaupten – was sie für diejenigen, die sie gehabt haben, ganz selbstverständlich sind. Dies aber ist natürlich ein Trugschluß.

Zu einem ähnlichen Schluß werden diejenigen kommen, deren Philosophie ungebührlich »spirituell« ist. Gott, dabei werden sie beharren, ist ein Geist und muß im Geist verehrt werden. Daher kann ein chemisch bedingtes inneres Erlebnis kein Erlebnis des Göttlichen sein. Aber auf die eine oder andre Weise sind *alle* unsre inneren Erlebnisse chemisch bedingt, und wenn wir uns einbilden, daß einige von ihnen rein »spirituell«, rein »intellektuell«, rein »ästhetisch seien, dann nur, weil wir uns nie bemüht haben, das innere chemische Milieu, wie es im Augenblick ihres Auftretens ist, zu erforschen. Ferner ist es eine belegte geschichtliche Tatsache, daß die meisten Kontemplativen systematisch darauf hinarbeiteten, die chemischen Vorgänge in ihrem Körper zu verändern, mit der Absicht, die einer spirituellen Einsicht günstigen inneren Bedingungen zu schaffen. Wenn sie sich nicht bis zu Vitaminmangel und zur Verringerung des Blutzuckers aushungerten oder sich nicht bis zur Vergiftung durch Histamin, Adrenalin und zersetztes Eiweiß geißelten, förderten sie doch Schlaflosigkeit und beteten während langer Zeitspannen in unbequemen Stellungen, um die psycho-physischen Symptome von Überanstrengung hervorzurufen. Dazwischen sangen sie endlos Psalmen und vermehrten so die Kohlensäuremenge in der Lunge und im Blutkreislauf, oder machten, wenn sie Orientalen waren, zu demselben Zweck Atemübungen. Heute wissen wir die Leistungsfähigkeit des zerebralen Reduktionsventils durch unmittelbare chemische Einwirkung zu verringern, und dies ohne die Gefahr, dem psycho-physischen Organismus ernsten Schaden zuzufügen. Wenn ein angehender Mystiker bei dem gegenwärtigen Stand unsres Wissens auf langes Fasten und heftige Selbstgeißelung zurückgriffe, wäre das ebenso sinnlos, wie für einen angehenden Koch, es Charles Lambs Chinesen nachzutun, welcher das Haus niederbrannte, um ein Schwein zu braten. Der angehende Mystiker sollte sich, da er doch weiß (oder, wenn er will, wissen kann), welches die chemischen Vorbedingungen transzendenten Erlebens sind, um technische Hilfe an die Spezialisten wenden – und die Spezialisten (falls welche von ihnen anstreben, echte Wissenschaftler und vollständige Menschen zu sein) sollten aus ihren Sonderabteilen hervorkommen und sich an den Künstler, die Sybille, den Visionär, den Mystiker wenden – an alle diejenigen, mit einem Wort, die Erfahrung der Jenseitswelt gehabt haben und auf ihre verschiedenen Arten wissen, was mit dieser Erfahrung tun.

III

Visionenähnliche Wirkungen und Visionen herbeiführende Mittel haben bei Volksbelustigungen eine größere Rolle gespielt als in den Schönen Künsten. Feuerwerke, Festzüge, theatralische Schaustücke – sie sind wesentlich visionäre Künste. Leider sind sie auch vergängliche Künste, deren frühe Meisterwerke uns nur aus Berichten bekannt sind. Nichts ist geblieben von allen den römischen Triumphzügen, den mittelalterlichen Turnieren, den »Masken« (höfischen Singspielen mit Tänzen und Bühneneffekten) der Elisabeth- und frühen Stuartzeit, der langen Reihe von pompösen Einzügen und Krönungen, Königshochzeiten und feierlichen Enthauptungen, Heiligsprechungen und Papstbegräbnissen.

Ein interessanter Zug dieser populären visionären Künste ist ihre enge Abhängigkeit vom jeweiligen Stand der Technik. Feuerwerke zum Beispiel waren einst nicht mehr als gewöhnliche Freudenfeuer (und bis zum heutigen Tag, darf ich wohl hinzufügen, bleibt ein tüchtiges Freudenfeuer in einer dunklen Nacht eins der magischsten und entrückendsten Schauspiele. Wenn man es betrachtet, kann man den mexikanischen Bauern verstehn, der sich aufmacht, um ein Joch Waldland niederzubrennen, damit er seinen Mais pflanzen kann, aber entzückt ist, wenn durch einen glücklichen Zufall ein paar Quadratkilometer in hellen, apokalyptischen Flammen aufgehn). Wahre Pyrotechnik begann (zumindest in Europa, wenn nicht in China) mit der Anwendung brennbarer Stoffe bei Belagerungen und Seeschlachten. Vom Krieg ging sie dann auf Volksbelustigungen über. Das kaiserliche Rom hatte seine Feuerwerke, von welchen sogar noch in der Verfallszeit einige äußerst kunstvoll waren. Hier ist Claudians Beschreibung des von Manlius Theodorus im Jahre 399 n. Chr. dargebotenen Spektakels.

Mobile ponderibus descendat pegma reductis
inque chori speciem spargentes ardua flammas
scaena rotet varios, et fingat Mulciber orbis
per tabulas impune vagos pictaeque citato
ludant igne trabes, et non permissa morari
fida per innocuas errent incendia turres.

»Entfernt die Gegengewichte«, so übersetzt Mr. Platnauer mit einer Unumwundenheit der Sprache, die den syntaktischen Extravaganzen des Urtexts weniger denn gerecht wird, »und senkt den fahrbaren Kran und laßt auf die erhöhte Bühne Männer herab, die im Chor radschlagend Flammen verstreuen! Laßt Vulkan Kugeln von Feuer schmieden, daß sie harmlos über die Bretter rollen! Laßt die Flammen scheinbar um die falschen Tragbalken der Szenerie spielen und einen zahmen Brand, dem nie einzuschlafen erlaubt sei, zwischen den unberührten Türmen hinwandern.«

Nach dem Untergang Roms wurde die Pyrotechnik wieder eine ausschließliche militärische Kunst. Ihr größter Triumph war, um 650 n. Chr., die Erfindung des berühmten Griechischen Feuers durch Kallinikos – der Geheimwaffe, welche dem hinschwindenden byzantinischen Kaiserreich ermöglichte, sich noch eine so lange Zeit gegen seine Feinde zu behaupten. Während der Renaissance fanden Feuerwerke abermals in die Welt der Volksbelustigung Eingang. Mit jedem Fortschritt in Wissenschaft und Chemie wurden sie prächtiger. Um die Mitte des 19. Jahrhunderts hatte die Pyrotechnik einen Höhepunkt technischer Vollkommenheit erklommen und vermochte zu den visionären Antipoden der Seele riesige Zuschauermengen zu entrücken, welche, bewußt, achtbare Methodisten, Puseyten, Utilitarier, Anhänger von Mill oder Marx, von Newman oder Bradlaugh oder Samuel Smiles waren. Auf der Piazza del Popolo, im Prater, in Ranelagh und dem Kristallpalast, an jedem vierten und vierzehnten Juli wurde das Unterbewußtsein des Volks durch den Scharlachschein von Strontium, durch Kupferblau und Bariumgrün und Sodiumgelb an jene Andre Welt dort unten, im psychologischen Äquivalent Australiens, gemahnt.

Festliche Aufzüge sind eine visionäre Kunst, welche seit undenklichen Zeiten als ein politisches Werkzeug angewendet wurde. Die prachtvollen, von Königen und Päpsten und ihrem Hofstaat, ihrem militärischen und geistlichen Gefolge getragenen Maskenkostüme haben einen sehr praktischen Zweck – den unteren Klassen ein lebhaftes Gefühl von der übermenschlichen Größe ihrer Herren einzuprägen. Mittels schöner Kleider und feierlicher Zeremonien wird eine *De-facto*-Beherrschung in eine Herrschaft nicht nur *de jure*, sondern buchstäblich *de jure divino* verwandelt. Die Kronen und Tiaren, die mannigfaltigen Geschmeide, die Samte und Seiden, die bunten Uniformen und Gewänder, die Kreuze und Medaillen, die Schwertgriffe und Krummstäbe, die wehenden Federbüsche auf Dreispitzen und ihre kirchlichen Gegenstücke, diese riesigen Federfächer, die jede päpstliche Zeremonie aussehen lassen wie ein Lebendes Bild aus *Aida*, – alle diese sind Visionen herbeiführende Requisiten, zu dem Zweck erfunden, allzu menschlichen Damen und Herren das Aussehen von Heroen, Halbgöttinnen und Seraphim zu verleihen, und sie bereiten dabei allen Beteiligten, den Akteuren ebenso wie den Zuschauern, ein großes Maß unschuldigen Vergnügens.

Im Lauf der letzten zweihundert Jahre hat die Technik künstlicher Beleuchtung ungeheure Fortschritte gemacht, und diese haben sehr viel zur Wirksamkeit festlicher Aufzüge und der nahe verwandten Kunst theatralischer Schaustellungen beigetragen. Der erste bemerkenswerte Fortschritt wurde im 18. Jahrhundert mit der Einführung gegossener Walratkerzen statt der älteren Talgfunzeln und gezogenen Wachslichter gemacht. Der nächste war die Erfindung von Argands röhrenförmigem Docht mit Luftzufuhr an der inneren wie an der äußeren Oberfläche der Flamme. Glaszylinder folgten bald, und es wurde zum ersten Mal in der Geschichte möglich, Öl zu verbrennen, das ein helles und völlig rauchloses Licht gab. Kohlengas wurde als Beleuchtungsmittel zum ersten Mal im frühen 19. Jahrhundert verwendet, und im Jahre 1825 fand Thomas Drummond eine brauchbare Methode, Kalk mittels einer

Sauerstoff-Wasserstoff- oder Sauerstoff-Kohlengasflamme bis zur Weißglut zu erhitzen. Mittlerweile waren parabolische Spiegel zum Sammeln des Lichts in einen dünnen Strahl in Gebrauch gekommen. (Der erste englische, mit einem solchen Reflektor ausgestattete Leuchtturm wurde 1790 gebaut.)

Der Einfluß dieser Erfindungen auf Aufzüge und Ausstattungsstücke ging sehr tief. In früheren Zeiten konnten weltliche und religiöse Zeremonien nur bei Tag stattfinden (und die Tage waren ebensooft bewölkt wie klar) oder, nach Sonnenuntergang, beim Licht rauchender Lampen oder Fackeln oder schwachem Kerzengeflacker. Argand und Drummond, Gas, Kalklicht und, vierzig Jahre später, elektrisches Licht machten es möglich, aus dem grenzenlosen Chaos der Nacht üppige Inselweltalle hervorzurufen, in welchen das Glitzern von Metall und Juwelen, das üppige Glühen von Samten und Brokaten zum Höchstmaß dessen verstärkt wurden, was man ihre innerste Bedeutsamkeit nennen könnte. Ein jüngstes Beispiel uralten, mittels der Beleuchtungskünste des 20. Jahrhunderts zu einer höheren magischen Macht erhobenen Schaugepränges war die Krönung Königin Elisabeths II. In dem Filmstreifen von diesem Ereignis wurde ein Ritual von entrückender Herrlichkeit vor dem Vergessenwerden, das bisher immer das Schicksal solcher Feierlichkeiten war, gerettet und übernatürlich im Scheinwerferlicht erstrahlend für das Entzücken einer zahllosen zeitgenössischen und künftigen Zuschauerschaft aufbewahrt.

Im Theater werden zwei verschiedene und getrennte Künste ausgeübt – die menschliche Kunst des Dramas und die visionäre, jenseitsweltliche des Schaustücks. Elemente beider Künste können in ein und derselben Abendunterhaltung verbunden werden – indem das Drama (wie es so oft bei reich ausgestatteten Shakespeare-Aufführungen geschieht) unterbrochen wird und man die Zuhörerschaft sich an einem »lebenden Bild« ergötzen läßt, in welchem sich die Schauspieler entweder überhaupt nicht oder nur ganz undramatisch bewegen, zeremoniös, prozessionshaft oder in einem formgebundenen Tanz. Uns geht hier nicht das Drama, sondern das theatralische Spektakel an, welches einfach ein Schaugepränge ohne dessen politische oder religiöse Obertöne ist.

In den niedereren visionären Künsten des Kostümzeichnens und

Bühnenschmuckentwerfens waren unsre Vorfahren unübertreffliche Meister. Und trotz ihrer Abhängigkeit von bloßer Muskelkraft blieben sie auch im Bau und in der Betätigung von Bühnenmaschinerie und der Vorrichtungen für »besondere Effekte« nicht weit hinter uns zurück. Bei den sogenannten »Masken«, den Vorläufern der Ausstattungsstücke, waren vom Schnürboden herabschwebende Götter und aus den Versenkungen heraufdringende Dämonen etwas ganz Alltägliches; ebenso auch Apotheosen und die erstaunlichsten Verwandlungen. Auf solche Spektakel wurden ungeheure Summen verschwendet. Die Gerichtshöfe zum Beispiel veranstalteten eins für Karl I., welches mehr als zwanzigtausend Pfund kostete – zu einer Zeit, als die Kaufkraft des Pfunds dem Sechs- oder Siebenfachen der heutigen entsprach.

»Die Seele der Maske«, sagte Ben Jonson sarkastisch, »ist das Zimmermannshandwerk.« Seine Verachtung entsprang persönlichem Groll. Inigo Jones erhielt ebensoviel für das Entwerfen der Bühnenbilder gezahlt, wie Ben für das Schreiben des Librettos. Der empörte *poeta laureatus* hatte offenbar nicht begriffen, daß die »Maske« eine visionäre Kunst war und visionäres Erleben ganz außerhalb aller Worte liegt (jedenfalls aller andern als der allershakespearischesten) und durch unmittelbare Wahrnehmungen von Dingen hervorgerufen werden muß, welche den Beschauer daran gemahnen, was bei den unerforschten Antipoden seines persönlichen Bewußtseins vorgeht. Die Seele der »Maske« konnte, schon der Natur der Dinge nach, nie ein Libretto von Jonson sein; sie mußte Zimmermannshandwerk sein. Sogar das Zimmermannshandwerk jedoch konnte nicht die ganze Seele der »Maske« sein. Wenn uns visionäres Erleben von innen her kommt, ist es immer übernatürlich leuchtend. Aber die frühen Bühnenarchitekten besaßen kein helleres Beleuchtungsmittel als Kerzen. Aus der Nähe gesehen, kann eine Kerze die magischsten Lichter und kontrastierendsten Schatten hervorbringen. Die visionären Gemälde Rembrandts und Georges de Latours zeigen bei Kerzenlicht gesehene Dinge und Menschen. Leider aber gehorcht das Licht dem Gesetz der umgekehrten quadratischen Proportion. In sicherer Entfernung von einem nicht feuerfest gekleideten Schauspieler erweisen sich Kerzen als hoffnungslos unzulänglich. In drei Metern Entfernung zum Beispiel, würde es ein Hundert der besten Wachskerzen brauchen, damit sie die Helligkeit *einer* dreißig Zentimeter entfernten Kerze gäben. Bei so elender Beleuchtung konnte nur ein Bruchteil der visionären Möglichkeiten der »Maske« verwirklicht werden. Tatsächlich wurden sie erst dann voll ausgeschöpft, als die »Maske« schon längst aufgehört hatte, in ihrer ursprünglichen Form zu existieren. Erst im 19. Jahrhundert, als die fortschreitende Technik das Theater mit Kalklicht und Hohlspiegeln ausgerüstet hatte, kam die »Maske« oder vielmehr, was aus ihr geworden war, voll zur Geltung. Die Regierungszeit Königin Viktorias war die große Zeit der sogenannten Weihnachtspantomime und des phantastischen Märchenstücks. *Ali-Baba, Der Pfauenkönig, Der goldene Zweig, Die Insel der Juwelen* – schon die Titel sind zauberhaft. Die Seele dieses Bühnenzaubers waren Zimmermannshandwerk und Kostümschneiderei; der ihm innewohnende Geist, seine *scintilla animae*, waren Gas und Kalklicht und, nach den Achtzigerjahren, elektrische Beleuchtung. Zum ersten Mal in der Geschichte der Bühne verklärten Strahlen hellster Weißglut die gemalten Prospekte, die Kostüme, das Glas und Talmi des Schmucks so, daß sie fähig wurden, die Zuschauer gegen jene Andere Welt hin zu entrücken, die in den Tiefen einer jeden Psyche liegt, so vollkommen deren Anpassung an die Erfordernisse des sozialen Lebens auch sein mag – sogar des sozialen Lebens im mittviktorianischen England. Heute sind wir in der glücklichen Lage, eine halbe Million Pferdekräfte auf die allnächtliche Beleuchtung einer Großstadt zu verschwenden. Und doch behält trotz dieser Entwertung künstlichen Lichts das Ausstattungsstück seinen alten zwingenden Zauber. In Balletten, Revuen und Operetten verkörpert, ist die Seele der »Maske« noch immer lebendig. Lampen von tausend Watt und parabolische Reflektoren strahlen übernatürliches Licht aus, und solches Licht erweckt in allem, was es berührt, übernatürliche Farbe und übernatürliche Bedeutsamkeit. Sogar das albernste Ausstattungsstück kann noch recht wundervoll sein, auch dies ein Fall, wo eine Neue Welt herbeigerufen wurde, um das Gleichgewicht in der Alten wieder herzustellen, – wo visionäre Kunst die Mängel allzumenschlichen Dramas wiedergutmacht.

Athanasius Kirchers Erfindung – wenn sie wirklich die seine war – wurde von Anfang an *laterna magica* getauft. Der Name wurde überall als einer Maschine völlig angemessen adoptiert, deren Rohmaterial das Licht und deren fertiges Erzeugnis ein aus dem Dunkel auftauchendes farbiges Bild war. Um die ursprüngliche Laterna magica noch magischer zu machen, erdachten Kirchers Nachfolger eine Anzahl von Methoden, um dem projizierten Bild Leben und Bewegung zu verleihen. Es gab »chromatropische« Laterna-magica-Bilder, bei denen man zwei gemalte Glasscheiben in entgegengesetzten Richtungen rotieren ließ und so eine rohe, aber immerhin wirkungsvolle Nachahmung jener unaufhörlich wechselnden dreidimensionalen Muster erzeugte, die von so gut wie jedem gesehen werden, der eine Vision gehabt hat, ob spontan oder durch Drogen, ob durch Fasten oder das Stroboskop. Dann gab es sogenannte »Verwandlungsbilder«, die den Beschauer an die Verwandlungen erinnerten, die sich unaufhörlich bei den Antipoden seines Alltagsbewußtseins abspielten. Um das eine Bild unmerklich in ein andres übergehn zu lassen, wurden zwei Zauberlaternen verwendet, welche miteinander zusammenfallende Bilder auf den Bildschirm warfen. Eine jede Laterne war mit einer Blende ausgestattet, welche so eingerichtet war, daß das Licht der einen immer mehr abgeschwächt werden konnte, während das Licht der andern (anfangs völlig verdunkelt) immer heller wurde. Auf diese Weise wurde das von der ersten Laterne projizierte Bild unmerklich durch das von der zweiten projizierte ersetzt – zum entzückten Staunen aller Zuschauer. Ein andrer Apparat war die bewegliche Laterna magica, welche ihre Bilder auf einen transparenten Schirm warf, auf dessen andrer Seite die Zuschauer saßen. Wurde die Laterne nahe an den Schirm herangerollt, war das Projektionsbild sehr klein; je weiter sie entfernt wurde, desto größer wurde es. Eine automatische Brennpunkteinstellung sorgte dafür, daß die wechselnden Bilder in jeder Entfernung scharf und unverwischt waren. Das Wort »Phantasmagorie« wurde 1802 von den Erfindern dieser neuen Art des Guckkastens geprägt.

Alle diese Verbesserungen in der Technik der Laterna magica fielen in die Zeit der Dichter und Maler der jüngeren romantischen Schule und mögen einen gewissen Einfluß auf ihre Wahl von Stoffen und darauf, wie sie diese behandelten, gehabt haben. *Königin Mab* und *Der Aufstand des Islam* von Shelley zum Beispiel sind voller sich verwandelnder Landschaften und Phantasmagorien. Wenn Keats Szenen und Personen, Innenansichten und Möbel und die Wirkungen von Licht beschreibt, haben diese Beschreibungen das intensiv Strahlende farbiger Bilder auf einem weißen Tuch in einem verdunkelten Raum. John Martins Gemälde des Satans und des Fests Belsazars, der Hölle und Babylons und der Sintflut sind offenbar von der Laterna magica und von drastisch mittels Kalklicht beleuchteten »lebenden Bildern« angeregt.

Heute entspricht jenen Laterna-magica-Vorführungen der Farbfilm. In den kostspieligen Monumental-Ausstattungsfilmen lebt die Seele der »Maske« rüstig fort – manchmal mit allen ihren Auswüchsen, manchmal aber auch mit Geschmack und einem echten Gefühl für Visionen herbeiführende Phantasien. Überdies hat dank der fortschreitenden Technik der farbige Dokumentarfilm sich in geschickten Händen als eine bemerkenswerte neue Form populärer visionärer Kunst erwiesen. Die ungeheuer vergrößerten Kakteenblüten, in welche sich am Ende von Disneys *Die Wüste lebt* der Zuschauer sinken fühlt, kommen geradeswegs aus der Jenseitswelt. Und was für entrückende Visionen gibt es in den besten der Naturfilme: Laub im Wind, die Struktur von Fels und Sand, die Schatten und Smaragdlichter im Gras oder im Schilf, Vögel und Insekten und Vierfüßler, welche im Unterholz oder im Astwerk von Waldbäumen ihrer Beschäftigung nachgehn. Hier haben wir diese zauberhaften Landschaftsnahsichten, von denen die Verfertiger der *Mille-feuille*-Gobelins, die mittelalterlichen Maler der Gärten und Jagdszenen so gefesselt waren. Hier haben wir die vergrößerten und herausgehobenen Einzelheiten der lebendigen Natur, aus denen die Künstler des Fernen Ostens einige ihrer schönsten Malereien machten.

Und dann gibt es noch, was man den verzerrten Dokumentarfilm nennen könnte, – eine seltsame neue Form visionärer Kunst, deren treffliches Beispiel Francis Thompsons Film *N. Y., N. Y.* ist. In diesem sehr seltsamen und schönen Film sehen wir die Stadt New York, wie sie erscheint, wenn sie durch vervielfältigende Prismen photographiert oder in Löffelrücken, polierten Radkappen, sphärischen und parabolischen Spiegeln reflektiert wird. Wir erkennen da zwar noch Häuser, Menschen, Schaufenster, Taxis, erkennen sie aber als Elemente einer dieser lebendigen geometrischen Konfigurationen, die so charakteristisch für visionäre Erlebnisse sind. Diese neue kinematographische Kunst scheint (Gott sei Dank!) die Entthronung und das baldige Ableben der gegenstandslosen Malerei vorauszusagen. Von den Abstraktlern wurde stets behauptet, die Farbenphotographie habe das altmodische Porträt und das altmodische Landschaftsbild zu unnützen Absurditäten herabgewürdigt. Das ist selbstverständlich völlig unwahr. Die Farbphotographie hält bloß in einer leicht zu vervielfältigenden Form die Rohmaterialien fest und bewahrt sie auf, mit welchen Porträtisten und Landsschaftsmaler arbeiten. So wie Thompson ihn verwendet hat, leistet der Farbfilm viel mehr, als nur die Rohmaterialien der nichtgegenständlichen Kunst festzuhalten und aufzubewahren; er stellt tatsächlich das fertige Erzeugnis her. Als ich *N. Y., N. Y.* sah, gewahrte ich mit Erstaunen, daß so gut wie jeder von den Altmeistern der gegenstandslosen Malerei erfundene Kunstgriff, der seit vierzig oder mehr Jahren von den Akademikern und Manieristen dieser Schule bis zum Überdruß wiederholt wird, sich in den Bilderfolgen von Thompson lebendig, farbenglühend und tief bedeutsam einstellt.

Daß wir einen starken Lichtstrahl zu projizieren vermögen, hat uns nicht nur befähigt, neue Formen visionärer Kunst zu schaffen; es hat auch eine der ältesten Künste, die Bildhauerei, mit einer neuen visionären Eigenschaft ausgestattet, welche sie vorher nicht besaß. Ich habe in einem früheren Abschnitt von den magischen Wirkungen gesprochen, die durch Scheinwerferbeleuchtung alter Baudenkmäler und natürlicher Gegenstände hervorgebracht werden. Ähnliche Wirkungen zeigen sich, wenn wir die Scheinwerfer auf skulptierten Stein richten. Füseli empfing die Anregung zu einigen seiner besten und phantastischsten malerischen Ideen, als er die Statuen auf dem Monte Cavallo beim Licht der untergehenden Sonne betrachtete oder, besser noch, wenn sie um Mitternacht von Blitzen beleuchtet waren. Heute verfügen wir über künstliche Sonnenuntergänge und synthetische Blitze. Wir können unsre Statuen unter jedem beliebigen Winkel anleuchten, und mit so gut wie jeder gewünschten Lichtstärke. Werke der Plastik haben dadurch neue Bedeutungen und unvermutete Schönheiten enthüllt. Man besuche den Louvre an einem Abend, an welchem die griechischen und ägyptischen Altertümer von Scheinwerfern angeleuchtet sind. Man wird da neuen Göttern, Nymphen und Pharaonen begegnen, man wird, während der eine Scheinwerfer erlischt und ein andrer an einer andern Stelle des Raums aufleuchtet, eine ganze Familie bisher unbekannter Niken von Samothrake kennenlernen.

Die Vergangenheit ist nicht etwas Feststehendes und Unabänderliches. Ihre Tatsachen werden von jeder der einander folgenden Generationen wiederentdeckt, ihre Werte neu eingeschätzt, ihre Bedeutungen im Zusammenhang mit gegenwärtigen Geschmacksrichtungen und vorherrschenden Ideen neu definiert. Aus denselben Dokumenten und Denkmälern und Kunstwerken erfindet sich jede Epoche ihr eigenes Mittelalter, ihr privates China, ihr patentiertes und urheberrechtlich geschütztes Hellas. Heute können wir dank den jüngsten Fortschritten in der Beleuchtungstechnik einen Schritt weiter gehn als unsre Vorgänger. Wir haben die uns von der Vergangenheit hinterlassenen großen Werke der Plastik nicht nur neu ausgedeutet; es ist uns tatsächlich gelungen, die körperliche Erscheinung dieser Werke zu verändern. Griechische Statuen, wie wir sie von einem Licht, »das nie auf Land und Meer geschienen«, beleuchtet und dann in einer Reihe von Teilaufnahmen aus nächster Nähe unter den absonderlichsten Winkeln photographiert sehen, haben fast keine Ähnlichkeit mehr mit den griechischen Statuen, die von Kunstkritikern und dem großen Publikum in den dämmerigen Galerien und auf den dezenten Kupferstichen der Vergangenheit gesehen wurden.

Es ist das Bestreben des klassischen Künstlers, in welcher Zeit er auch leben mag, Ordnung in das Chaos des Erlebens zu bringen, ein verständliches und vernünftiges Bild von der Wirklichkeit darzubieten, worin alle Teile deutlich sichtbar und im Zusammenhang aufeinander bezogen sind, so daß der Beschauer genau weiß (oder, treffender gesagt, sich einbildet, genau zu wissen), woran er ist. Uns spricht dieses Ideal vernünftiger Ordnungsliebe nicht an. Daher gebrauchen wir, wenn wir uns Werken klassischer Kunst gegenübersehen, alle uns zur Verfügung stehenden Mittel, um ihnen das Aussehn von etwas zu geben, was sie nicht sind und nie hatten sein sollen. Aus einem Werk, dessen ganzer Sinn seine einheitliche Konzeption ist, wählen wir eine Einzelheit, stellen unsre Scheinwerfer auf sie ein und zwingen sie so, außer allem Zusammenhang, dem Bewußtsein des Betrachters auf. Wo uns eine Kontur allzu kontinuierlich, allzu offenbar verständlich zu sein scheint, zerbrechen wir sie durch abwechselnde undurchdringliche Schatten und grelle Flecke von Helligkeit. Wenn wir die Skulptur einer einzelnen Gestalt oder Gruppe photographieren, gebrauchen wir die Kamera, um einen Teil hervorzuheben, welchen wir dann in rätselhafter Unabhängigkeit vom Ganzen zur Schau stellen. Durch solche Mittel können wir dem strengsten Klassiker alles Klassische nehmen. Der Behandlung mit Licht unterzogen und von einem erfahrenen Photographen aufgenommen, wird ein Phidias zu einem Stück gotischen Expressionismus, ein Praxiteles zu einem fesselnden, aus den schlammigsten Tiefen des Unterbewußten heraufgebaggerten surrealistischen Gebilde. Das mag schlechte Kunstgeschichte sein, aber es ist sicherlich ein guter Spaß.

IV

Erst Hofmaler beim Herzog seines Geburtslands Lothringen und später beim König von Frankreich, wurde Georges de Latour während seiner Lebenszeit als der große Künstler behandelt, der er so offenkundig war. Mit der Thronbesteigung Ludwig XIV. und dem Aufkommen und der absichtlichen Pflege einer neuen Kunst von Versailles, aristokratisch in ihren Vorwürfen und luzid klassisch in ihrem Stil, wurde der Ruf dieses einst so berühmten Malers so völlig verdunkelt, daß binnen zweier Generationen sogar sein Name vergessen war und seine erhalten gebliebenen Gemälde den Le Nains, Honthorst, Zurbaran, Murillo und sogar Velasquez zugeschrieben wurden. Die Wiederentdeckung Latours begann 1915 und war 1934, als der Louvre eine bemerkenswerte Ausstellung der »Maler der Wirklichkeit« veranstaltete, im wesentlichen beendet. Seit fast dreihundert Jahren unbeachtet gelassen, war einer der größten Maler Frankreichs wiedergekehrt, um seine Rechte zu beanspruchen.

Georges de Latour war einer dieser extroverten Visionäre, deren Kunst getreulich gewisse Aspekte der Außenwelt spiegelt, aber in einem Zustand der Verklärung, so daß jede geringste Einzelheit an sich bedeutsam und eine Manifestation des Absoluten wird. Die meisten seiner Vorwürfe enthalten beim Licht einer einzigen Kerze gesehene Gestalten. Eine einzige Kerze kann, wie Caravaggio und die Spanier gezeigt hatten, die ungeheuersten theatralischen Effekte hervorrufen. Aber Latour interessierten theatralische Effekte nicht. Es ist nichts Dramatisches in seinen Bildern, nichts Tragisches oder Pathetisches oder Groteskes, keine Darstellung von Handlungen, kein Appellieren an die Art von Gemütsbewegungen, deretwegen, um sie erst erregen und dann beruhigen zu lassen, Leute ins Theater gehn. Seine Personen sind wesentlich statisch. Sie *tun* nie etwas; sie *sind* einfach *da*, auf dieselbe Weise, wie ein granitner Pharao da ist oder ein Bodhisattva von Khmer oder einer der plattfüßigen Engel Piero della Francescas. Und die einzige Kerze wird in jedem Fall dazu verwendet, dieses intensive aber unaufgeregte, unpersönliche Dasein hervorzuheben. Indem sie gewöhnliche Dinge in ungewöhnlichem Licht erscheinen läßt, offenbart ihre Flamme da lebendige Geheimnis und unerklärliche Wunder bloßer Existenz. Es ist so wenig Religiosität in diesen Gemälden, daß es sehr oft unmöglich zu entscheiden ist, ob wir eine Illustration zur Bibel oder eine Studie von Modellen bei Kerzenlicht vor uns haben. Ist die *Geburt Christi* in Rennes die Geburt Christi oder bloß eine Geburt? Ist das Bild eines unter den Augen eines jungen Mädchens schlafenden alten Mannes nicht mehr als das? Ist es nicht etwa der heilige Petrus im Gefängnis, der vom erlösenden Engel heimgesucht wird? Es läßt sich nicht sagen. Aber hat Latours Kunst auch gar keine Religiosität, bleibt sie doch tief religiös in dem Sinn, daß sie mit beispielloser Intensität die göttliche Allgegenwart enthüllt.

Es muß hinzugefügt werden, daß dieser große Maler der Immanenz Gottes ein stolzer, harter, unerträglich überheblicher und geiziger Mensch gewesen zu sein scheint. Woraus wieder einmal hervorgeht, daß das Werk eines Künstlers nie Punkt für Punkt seinem Charakter entspricht.

V

Aus nächster Nähe malte Vuillard meist Interieurs, manchmal aber auch Gärten. In einigen Kompositionen gelang es ihm, den Zauber der Nähe mit dem der Ferne zu verbinden, indem er einen Zimmerwinkel wiedergab, worin eine seiner eigenen oder jemands andern Wiedergaben eines Fernblicks auf Bäume, Berge und Himmel steht oder hängt. Es ist eine Aufforderung, sich mit *einem* Blick das Beste aus beiden Welten zu holen, der teleskopischen und der mikroskopischen.

Im übrigen fallen mir nur sehr wenige als Großaufnahmen gemalte Landschaften europäischer Künstler ein. Im Metropolitan-Museum hängt ein sehr seltsames *Dickicht* von van Gogh. Und in der Tate Gallery Constables wundervolle *Mulde im Park von Helmingham.* Es gibt ein schlechtes Bild, die *Ophelia* von Millais, das trotz allem magisch gemacht wird durch die Verwobenheiten seines sommerlichen Grüns, die beinahe aus dem Gesichtspunkt einer Wasserratte gesehen sind. Und ich erinnere mich eines vor langer Zeit in irgendeiner Leihgaben-Ausstellung gesehenen Delacroix mit aus nächster Nähe gemalter Baumrinde, Blättern und Blüten. Es muß natürlich auch noch andre solche Bilder geben; aber ich habe sie vergessen oder nie gesehen. Jedenfalls gibt es bei uns im Westen nichts, was den chinesischen oder japanischen Wiedergaben der Natur als Nahsicht vergleichbar wäre: einem Zweiglein Pflaumenblüten; fünfundvierzig Zentimetern eines Bambusstengels mit seinen Blättern; Meisen oder Finken auf kaum Armeslänge im Gebüsch gesehen; allerlei Arten von Blumen und Blättern, von Vögeln und Fischen und kleinen Säugetieren. Jedes kleine Leben ist als der Mittelpunkt seines eignen Weltalls dargestellt, als der Zweck, für den, seiner eignen Einschätzung nach, diese Welt und alles, was darin ist, geschaffen wurde; ein jedes verkündet seine eigne, besondere und individuelle Unabhängigkeitserklärung gegenüber menschlichem Imperialismus; ein jedes verlacht durch ironische Andeutung unsre alberne Anmaßung, bloß menschliche Regeln für das kosmische Spiel festzulegen; ein jedes wiederholt stumm die göttliche Tautologie: Ich bin, der ich bin.

Die Natur im Mittelgrund ist uns vertraut – so vertraut, daß wir so weit getäuscht werden, zu glauben, wir wüßten wirklich, was es alles bedeutet. Aus nächster Nähe oder aus großer Ferne oder unter einem ungewöhnlichen Winkel gesehen, erscheint es alles als beunruhigend fremdartig und über alles Begreifen wundervoll. Die Landschaftsgroßaufnahmen der Chinesen oder Japaner sind jede eine Veranschaulichung des Themas, daß Samsara und Nirwana eins sind, daß das Absolute sich in jeder Erscheinung manifestiert. Diese großen metaphysischen und doch pragmatischen Wahrheiten wurden von den vom Zen inspirierten Künstlern des Fernen Ostens noch auf eine andre Weise dargestellt. Alle von ihnen aus nächster Nähe erforschten Objekte wurden in einem Zustand der Unverbundenheit vor einem leeren Hintergrund jungfräulichen Papiers wiedergegeben. So losgelöst, nehmen diese vorübergehenden Erscheinungen eine Art absoluter Ding-an-sich-Dinglichkeit an. Westliche Künstler haben dieses Mittel angewendet, wenn sie Heiligengestalten, Porträts und manchmal Naturgegenstände aus einer gewissen Entfernung malten. Rembrandts *Mühe* und van Goghs *Zypressen* sind Beispiele von Fernsichtlandschaften, in welchen ein einziges Merkmal durch Vereinzelung zu etwas Absolutem gemacht wurde. Die Zaubergewalt vieler Radierungen, Zeichnungen und Gemälde Goyas läßt sich damit erklären, daß seine Entwürfe fast immer die Form von einigen wenigen, gegen einen leeren Hintergrund gesehenen Schattenrissen oder sogar eines einzigen so gesehenen Schattenrisses annahmen. Diese silhouettierten Gestalten besitzen die Visionen eigentümliche, durch Vereinzelung und Unverbundenheit zu übernatürlicher Intensität erhöhte innere Bedeutsamkeit.

In der Natur ebenso wie in einem Kunstwerk neigt die Hervorhebung eines einzelnen Objekts dazu, ihm Absolutheit zu verleihen, es mit dieser mehr als symbolischen Bedeutung auszustatten, die identisch mit Sein ist.

Doch dieses eine Feld und, ihm ganz nah,
Ein Baum, von vielen e i n e r, die ich sah:
Von etwas sprechen sie, das nicht mehr da.

Das Etwas, das Wordsworth nicht länger mehr sehen konnte, war der »visionäre Schimmer«. Dieses Aufglänzen, so erinnere ich mich, und diese ihm innewohnende Bedeutsamkeit waren die Eigenschaften einer einzelstehenden Eiche, die man zwischen Reading und Oxford vom Zug aus auf der Kuppe eines kleinen Hügels inmitten einer weiten Fläche Ackerlands wie eine Silhouette gegen den blassen nördlichen Himmel aufragen sah.

Die Wirkungen einer mit Nähe verbundenen Vereinzelung lassen sich in ihrer ganzen magischen Seltsamkeit an einem außerordentlichen Gemälde eines japanischen Künstlers des 17. Jahrhunderts studieren, welcher auch ein berühmter Fechter und ein im Zen Gelehrter war. Es stellt einen Würgervogel dar, der auf dem äußersten Ende eines kahlen Zweigs sitzt, »ganz zwecklos wartend, aber im Zustand höchster Spannung«. Darunter, darüber und ringsum ist nichts. Der Vogel kommt aus dem Leeren hervor, aus jener ewigen Namenlosigkeit und Formlosigkeit, die doch grade die eigentliche Substanz des mannigfaltigen konkreten und vergänglichen Weltalls ist. Dieser Dorndreher auf seinem kahlen Zweig ist ein Vetter ersten Grades der winterlichen Drossel in Hardys wohlbekanntem Gedicht. Aber während die viktorianische Drossel darauf aus ist, uns irgendeine Art von Lektion zu erteilen, ist es der fernöstliche Dorndreher zufrieden, einfach nur zu existieren, intensiv und absolut dazusein.

VI

Viele Schizophrene verbringen ihre meiste Zeit weder auf Erden noch im Himmel noch in der Hölle, sondern in einer grauen, schattenhaften Welt von Phantomen und Unwirklichkeiten. Was auf diese Psychopathen zutrifft, trifft in geringerem Maß auch auf gewisse Neurotiker zu, welche von einer milderen Form von Geisteskrankheit befallen sind. In jüngster Zeit hat man eine Möglichkeit gefunden, diesen Zustand einer geisterhaften Existenz durch Verabreichung einer kleinen Menge eines der Derivate des Adrenalins herbeizuführen. Den Lebenden werden so die Pforten des Himmels, der Hölle und der Vorhölle nicht durch »wuchtig Schlüssel aus Metallen zween« geöffnet, sondern durch das Vorhandensein einer Gruppe chemischer Verbindungen und das Fehlen einer andern im Blut. Die von einigen Schizophrenen und Neurotikern bewohnte Schattenwelt hat große Ähnlichkeit mit der Welt der Toten, die in einigen der frühen religiösen Überlieferungen beschrieben wird. Wie die Schemen im Scheol der Juden und in Homers Hades haben diese Geistesgestörten die Fühlung mit der Materie, der Sprache und ihren Mitmenschen verloren. Sie haben keinen Halt am Leben und sind zu Untüchtigkeit, Einsamkeit und einer nur vom sinnlosen »Winseln und Schnattern« von Gespenstern unterbrochenen Stille verdammt. Die Geschichte eschatologischer Ideen hat aber einen echten Fortschritt zu verzeichnen – einen Fortschritt, welcher sich, theologisch ausgedrückt, als der Übergang vom Hades zum Himmel beschreiben läßt, chemisch ausgedrückt, als der Ersatz von Adrenolutin durch Meskalin und Lysergsäure und, psychologisch ausgedrückt, als der Fortschritt von Katatonie und Gefühlen der Unwirklichkeit zu einem erhöhten Wirklichkeitsgefühl in Visionen und schließlich, in mystischem Erleben.

VII

Géricault war ein negativer Visionär, denn obgleich seine Kunst fast besessen naturgetreu war, war sie einer Natur getreu, welche in seiner Wahrnehmung und Wiedergabe magisch zum Schlechteren verklärt worden war. »Ich beginne eine Frau zu malen«, sagte er einmal, »aber es wird immer eine Löwin daraus.« Häufiger wurde allerdings etwas beträchtlich weniger Liebenswertes als eine Löwin daraus – ein Leichnam, zum Beispiel, oder ein Dämon. Sein Meisterwerk, das erstaunliche *Floß der »Medusa«*, wurde nicht nach dem Leben gemalt, sondern nach Verwesung und Zerfall – nach Stückchen von Leichnamen, die ihm Medizinstudenten lieferten, nach dem ausgemergelten und gelbsüchtigen Gesicht eines leberleidenden Freundes. Sogar die Wellen, auf welchen das Floß schwimmt, sogar der sich darüber wölbende Himmel sind leichenfarben. Es ist, als wäre das ganze Weltall zum Seziersaal geworden.

Und dann seine dämonischen Gemälde! *Das Derby* wird unverkennbar in der Hölle gelaufen, vor einem von sichtbarer Dunkelheit geradezu flammenden Hintergrund. *Das vom Blitz erschreckte Pferd* in der Londoner Nationalgalerie ist die in einem einzigen erstarrten Augenblick offenbarte Seltsamkeit, die drohende und sogar höllische Andersheit, die sich in vertrauten Dingen birgt. Im Metropolitan-Museum hängt das Porträt eines Kindes, und was für eines Kindes! In seinem fahl leuchtenden Jäckchen erscheint der kleine

Schatz als, was Baudelaire gern »eine Satansknospe« nannte, *un satan en herbe*. Und die *Studie eines nackten Mannes*, ebenfalls im Metropolitan-Museum, ist nichts andres als die herangewachsene Satansknospe.

Aus den Berichten, die seine Freunde über ihn hinterlassen haben, wird deutlich ersichtlich, daß Géricault seine Umwelt gewohnheitsmäßig als eine Aufeinanderfolge visionärer Apokalypsen sah. Das sich bäumende Pferd seines frühen *Officier de Chasseurs* wurde von ihm eines Morgens auf der Straße nach Saint-Cloud in einem staubigen Glast von Sommersonnenschein erblickt, wie es zwischen den Deichseln eines Omnibusses sich bäumte und ausschlug. Die Menschen auf seinem *Floß der »Medusa«* wurden, einer nach dem andern und in allen Einzelheiten vollendet, auf die unberührte Leinwand gemalt. Es gab keine Umrißzeichnung der ganzen Komposition, keinen allmählichen Aufbau einer das Ganze umfassenden Harmonie von Farbtönen und Schattierungen. Jede einzelne Offenbarung – eines verwesenden Körpers, eines Kranken in den gräßlichen letzten Stadien der Leberentzündung – wurde ganz so wiedergegeben, wie sie gesehen und künstlerisch wahrgenommen worden war. Durch ein Wunder an Genialität gelang es, jede dieser aufeinanderfolgenden Apokalypsen prophetisch in eine harmonische Komposition einzufügen, welche, als die erste der grauenhaften Visionen auf die Leinwand übertragen wurde, nur in der Vorstellungswelt des Malers existierte.

VIII

Im »Sartor Resartus« hat uns Carlyle etwas hinterlassen, das sein psychosomatischer Biograph, Dr. James Halliday (in *Mr. Carlyle, my Patient*), »eine erstaunliche Schilderung eines großenteils depressiven, aber teilweise schizophrenen psychotischen Geisteszustands« nennt.

»Die Menschen um mich«, schreibt Carlyle, »auch wenn sie mit mir sprachen, waren bloß Gestalten; ich hatte so gut wie vergessen, daß sie lebendig, daß sie nicht bloß Automaten waren. Freundschaft war nur eine unglaubhafte Legende. Inmitten ihrer dichtgefüllten

Straßen und Versammlungen ging ich einsam umher; und (abgesehen davon, daß es mein eigenes Herz und nicht das eines andern war, welches ich immerzu verzehrte) auch wild wie der Tiger im Dschungel ... Für mich war das Weltall völlig leer von Leben, Zweck und Willen, ja sogar von Feindseligkeit; es war eine einzige riesige, tote, unermeßliche Dampfmaschine, die in ihrer leblosen Gleichgültigkeit einherrollte, um mich Glied für Glied zu zermalmen ... Ohne Hoffnung, empfand ich auch keine bestimmte Furcht, sei es vor Menschen oder dem Teufel. Und doch lebte ich seltsamerweise in einer beständigen unbestimmten quälenden Furcht, zitternd, reizbar und voller Angst vor ich weiß nicht was; es war mir, als würden alle Dinge oben im Himmel und unten auf der Erde mich verwunden; als wären Himmel und Erde nur der grenzenlose Rachen eines Ungeheuers, worin ich bebend wartete, verschlungen zu werden.« Renée und der Heldenverehrer beschreiben offenbar dieselben Erlebnisse. Unendlichkeit wird von beiden wahrgenommen, aber in der Form »des Systems«, der »unermeßlichen Dampfmaschine«. Für beide ist auch alles bedeutsam, aber negativ bedeutsam, so daß jedes Ereignis völlig sinnlos, jedes Objekt intensiv unwirklich, jedes sich so nennende menschliche Wesen eine Uhrwerkpuppe ist, welche grotesk die Bewegungen des Arbeitens und Spielens macht und Liebe, Haß, Denken, Beredsamkeit, Heldenmut, Frömmigkeit oder, was man will, ausdrückt, – Roboter sind vor allem einmal vielseitig.

Inhalt

Serie Piper:

Band 1 Hannah Arendt
Macht und Gewalt

Band 2 Alexander und Margarete Mitscherlich
Eine deutsche Art zu lieben

Band 3 Barbara Grunert-Bronnen (Hrsg.)
Ich bin Bürger der DDR und lebe in der Bundesrepublik

Band 4 Christian Graf von Krockow
Nationalismus als deutsches Problem

Band 5 Weizsäcker / Dohmen / Jüchter
Baukasten-Hochschule

Band 6 Aldous Huxley
Die Pforten der Wahrnehmung
Himmel und Hölle

Band 7 Karl Jaspers
Chiffren der Transzendenz

R. Piper & Co. Verlag